불안을 다루는 인지행동치료 및 마음챙김 워크북

Stefan G. Hofmann · Judith S. Beck 공저
이슬아 · 한나라 · 정지영 · 장혜덕 · 박정민
차세정 · 이지은 · 김동희 · 이지원 공역

The Anxiety Skills Workbook:
Simple CBT and Mindfulness Strategies for Overcoming Anxiety, Fear, and Worry

학지사

　살면서 한 번도 불안을 느껴 보지 않은 사람은 없을 것입니다. 불안은 위험으로부터 우리를 보호해 주고 문제 상황에 대비할 수 있도록 도와주기 때문에, 어느 정도의 불안을 경험하는 것은 생존에 필요합니다. 하지만 이런 불안을 너무 심하게, 빈번하게 경험하면 일상생활에 상당한 어려움을 겪게 됩니다. 불안장애는 많은 사람이 흔히 경험하는 정신장애로서, 정신건강의학과나 상담센터를 찾는 많은 내담자는 불안의 문제를 자주 호소하곤 합니다. 그런데 불안이라는 문제가 너무나 보편적이고 일반적이다 보니, 어떻게 해결할 수 있을지에 대한 정보도 지나치게 많습니다. 그러면 수많은 정보 속에서 우리는 과연 어떤 방법을 시도하는 것이 좋을까요?

　심리적 어려움을 겪는 사람들은 정말 필요하고 진짜 효과가 있는 치료를 받을 권리가 있습니다. 그리고 심리치료를 실시하는 전문가는 내담자를 진정으로 도울 수 있는 효과적인 치료를 실시할 의무가 있습니다. 많은 정신건강전문가는 근거 기반 실무(evidence-based practice)를 통하여, 현존하는 다양한 심리치료 방법 중에서 내담자에게 진정으로 도움이 될 수 있는 효과적인 치료를 실시하고자 노력해 오고 있습니다. 이 책에서 다루는 인지행동치료는 많은 정신장애를 효과적으로 치료하는 근거 기반 치료로서, 특히 불안장애의 치료에 큰 효능을 지니고 있습니다. 따라서 이 책에 수록된 인지행동치료의 다양한 기법을 적용한다면 불안으로 고통받는 분들이 많은 도움을 받을 수 있을 것입니다.

　이 책은 불안장애를 효과적으로 치료할 수 있는 인지행동치료 기법들을 체계적으로 소개하고 있습니다. 불안의 악순환에 기여하는 인지적, 행동적, 신체적 요소를 다루는 각각의 개입을 소개함으로써 개인이 경험하는 다양한 양상의 불안에 모두 적용할 수 있도록 구성되어 있습니다. 또한 장별 접근법을 사용하고 있어 개개인의 상황에 맞춤화된 치료를 실시할 수 있습니다.

이 책은 총 7개의 장으로 구성됩니다. 우선 제1장에서는 치료에 임하는 동기를 높일 수 있도록 목표를 설정하는 방법, 불안의 속성 및 악순환을 설명하는 심리교육의 내용을 담고 있습니다. 제2장에서는 마음챙김 이완에 관한 내용으로서, 불안에 자주 동반되는 신체적 긴장을 풀 수 있도록 점진적 근육이완법, 호흡 마음챙김을 소개하고 있습니다. 제3장에서는 인지 재구성에 관한 내용을 다룹니다. 불안을 유발하고 악화시키는 특정한 생각의 패턴(확률 과대평가, 재앙적 사고)을 알아차리고, 이러한 생각에 도전하여 보다 도움이 되는 대안적인 생각을 만들어 봅니다. 제4장에서는 걱정에 대한 걱정, 즉 불안한 사람들이 자주 경험하는 메타 인지를 다루는 방법을 소개하고 있습니다. 자신의 생각에 휘둘리지 않으면서 원하는 삶을 살아갈 수 있도록, 초연한 알아차림을 통해 일정한 거리를 두고 비판단적으로 생각을 알아차리는 연습을 소개합니다. 또한 걱정 조절 실험을 통해 걱정에 대한 통제감을 얻을 수 있도록 돕습니다. 그리고 제5장에서는 두려운 시나리오와 심상에 직면하는 심상 노출의 방법을 소개하고 있으며, 제6장에서는 불안을 유지시키거나 악화시키는 행동(회피행동, 확인행동, 안전행동 등)을 변화시키는 방법을 제시합니다. 마지막으로, 제7장에서는 연습을 통해 원하는 목표를 얼마나 달성했는지 확인하고, 유익한 변화를 장기적으로 유지할 수 있도록 재발을 방지하는 방법을 다룹니다.

저자들은 이 책에 포함된 모든 장을 충분히 숙지하고 연습할 것을 권고하고 있습니다. 이와 동시에 개개인에게 더 훈련이 필요한 장이 있다면 해당 장을 반복적으로 실시하여 개인 맞춤화된 연습을 시도하도록 권고하고 있습니다. 만약 여러분이 신체적 긴장의 문제를 특히 심하게 겪고 있다면, '마음챙김 이완' 장을 반복적으로 많이 훈련하실 수 있습니다. 만약 통제할 수 없을 정도로 걱정되는 문제를 겪고 있다면, '걱정에 대한 걱정' 장을 더 자주 연습하실 수 있습니다. 여러분의 상황에 적합하게 이 책을 최대한 활용하세요.

인지행동치료의 큰 매력은 우리의 마음을 스스로 돌볼 수 있도록, 자기 자신의 치료자가 될 수 있도록 도와준다는 점입니다. 워크북에 제시된 내용을 따라가면서 연습을 하다 보면, 불안에 휘둘리는 느낌이 줄어들고 조금씩 내 삶의 방향을 잘 조정하고 있다는 느낌을 받으실 것입니다. 그 느낌이 독자 여러분에게도 닿기를 바랍니다.

이 책이 나오기까지 많은 분의 도움이 있었습니다. 먼저, 인지행동치료에 대한 열정을 갖고 함께 공부한 한나라, 정지영, 장혜덕, 박정민, 차세정, 이지은, 김동희, 이지원에게 감사의 마음을 전합니다. 그리고 이 책이 세상에 나올 수 있도록 도움을 주신 학지사 김진환 사장님, 이수정 선생님, 송새롬 선생님께도 깊이 감사드립니다. 마지막으로, 이 책을 읽는 독자분들이 불안을 다스리고 불안과 함께 살아가면서, 자신이 원하는 삶으로 나아가시기를 기원합니다.

2024년 11월

역자 대표 이슬아

불안과 걱정은 사람들이 흔히 겪는 정서적 문제입니다. 그리고 어떤 사람들은 이러한 문제가 너무 심각해서 엄청난 스트레스와 고통을 겪습니다. 우리는 이 문제의 특성에 대해 잘 알고 있고, 불안과 걱정에 관한 책도 많이 있습니다. 그렇지만 불안과 걱정에 대한 사실을 아는 것만으로는 크게 달라지지 않는 것 같습니다. 많은 자조 서적에 나와 있듯이, 대부분 사람에게 효과가 있는 일반적인 치료 전략에 대한 수동적인 조언도 성공적이지는 않습니다. 오히려 도움이 되지 않는 개개인의 패턴을 파악하고 이를 바꾸기 위해 적극적으로 노력하는 데에서부터 성공이 시작됩니다. 이 점이 다른 책에서는 찾아볼 수 없는 이 책만의 독특한 특징입니다. 이 책은 불안의 다양한 측면에 초점을 맞춘 치료 모듈(module)로 구성되어 있습니다.

모든 모듈이 모든 사람에게 똑같이 유익한 것은 아닙니다. 불안을 극복하기 위한 모듈식 접근 방식에서는 각각의 내담자가 고유한 문제를 갖고 있다는 점을 인식하고 있습니다. 각 문제에 적합한 모듈을 매칭하는 것이 불안을 공략하고 극복하는 가장 강력한 방법입니다.

이 워크북은 변화하고 싶은 이유를 비판적으로 생각하고 그 변화가 어떤 모습일지에 관해 구체적인 목표를 세우도록 독려하는 것으로 시작됩니다. 이 단계는 너무 자주 간과되는 중요한 단계인데, 구체적인 목표가 있다면 불안을 줄이는 데 필요한 일을 훨씬 더 쉽게 할 수 있습니다.

이 책의 구조는 불안에 대한 인지 행동 모델을 기반으로 합니다. 이 모델은 수만 명의 불안 환자를 대상으로 한 수십 년간의 연구를 통해 뒷받침됩니다. 인지 행동 모델은 생각, 행동, 신체 감각이 어떻게 상호 작용하여 불안의 악순환을 만들어 내는지 알려 줍니다. 이 모델은 이 책의 나머지 부분에서 가르치는 기술의 기본 뼈대가 되며, 이후의 각 모듈은 이 세 가지 불안 요소 중 하나를 대상으로 하는 전략을 다룹니다.

'마음챙김 이완' 모듈에서는 신체적, 정신적 이완을 달성하는 방법에 대해 설명합니다. 불안은 신체적 긴장과 바쁜 마음을 수반하는 경우가 많으므로, 이완을 촉진하는 구체적인 기술이 필요합니다. 이 책에서는 다양한 신체 부위에 걸쳐 깊은 이완을 촉진하는 전략인 점진적 근육 이완과 현재 순간에 더 집중할 수 있도록 도와주는 마음 챙김을 가르칩니다.

'인지 재구성' 모듈은 불안을 지속시키는 편향된 사고 패턴에 초점을 맞춥니다. 특히 역기능적 사고에 대응하고 보다 현실적이며 유용한 사고 패턴을 만들기 위한 구체적인 전략을 다룹니다. 인지 재구성은 전통적인 인지행동치료의 기본 전략으로서, 효과를 뒷받침하는 과학적 증거가 많습니다. 이 책에서는 독자가 문제가 있는 불안을 극복하는 기본 전략을 스스로에게 가르치는 데 도움이 되도록 명확한 지침과 유용한 사례를 제공합니다.

'걱정에 대한 걱정' 모듈에서는 불안한 생각으로부터 거리를 두는 데 도움이 되는 여러 가지 전략을 알려 줍니다. 이러한 전략은 생각뿐만 아니라 생각에 대해 생각하는 방식이 불안을 유발한다는 점을 보여 주는 최신 연구 및 임상경험에 기초하고 있습니다. 이 모듈에서의 연습은 생각에 대한 생각, 즉 메타 인지가 부정확한 경향이 있다는 것을 보여 주기 위해 고안되었습니다. 이 모듈에서는 중요한 것에 더 자유롭게 집중할 수 있도록 불안한 생각에 대응하는 대안적인 방법을 알려 줍니다.

'두려운 시나리오 및 심상에 직면하기' 모듈은 두려운 생각과 시나리오를 극복하고 직면하는 방법을 알려 줍니다. 불안은 종종 사람들이 가장 두려워하는 것(사물, 장소, 이미지 등)을 회피하도록 부추기곤 합니다. 독자들은 정신적 심상을 사용하여 최악의 시나리오에 스스로를 점진적으로 노출시키는 방법을 배우면서, 가장 두려워하는 생각을 정복하는 방법을 배울 수 있습니다.

'행동을 변화시키기' 모듈에서는 불확실성을 인내하지 못하는 것에 초점을 맞추는 게 매우 중요합니다. 불확실성은 삶에서 피할 수 없는 부분이고, 끊임없이 변화하는 바쁜 세상에서 점점 더 증가하고 있기 때문입니다. 이 모듈에 제시된 행동 변화 연습을 하다 보면, 궁극적으로는 불확실성에 대한 인내력을 강화하는 어려운 작업을 계속 시도할 것인지 아니면 더 많은 확실성을 얻기 위해 노력할 것인지 선택해야 하는 상황에 직면하게 됩니다. 이 책은 독자가 스스로 행동 변화 활동을 설계하고 그 과정을 모니터링하며 필요에 따라 조정하는 방법을 배우도록 안내하는 데 탁월한 역할을 합니다.

이 워크북의 또 다른 장점은 각각의 연습이 서로 보완적이며, 독자의 개별적인 상황에 맞게 맞춤화할 수 있다는 것입니다. 마지막 모듈인 '목표를 향한 진전 및 재발 방지'에서는 학습한 내용을 모두 복습하고, 지금까지 얻은 성과를 유지하고 발전시키기 위한 계획을 수립하도록 돕습니다.

Judith S. Beck, Ph.D.
Director, Beck Institute

당신은 걱정이 많은 편인가요? 다른 사람들보다 더 불안한가요? 불안이 당신의 삶을 지배하고 있나요? 불안과 걱정으로 삶을 놓치고 있지는 않나요? 당신은 혼자가 아닙니다. 불안과 불안장애는 가장 흔한 심리적인 문제 중 하나입니다. 불안과 불안장애는 큰 고통을 유발하고 사람들이 목표를 달성하여 만족스럽고 의미 있는 행복한 삶을 사는 데 방해가 됩니다. 만약 당신이 불안에 사로잡혀 있다면, 이 책이 불안에서 벗어나는 길을 알려 줄 것입니다. 이 책의 지침을 잘 따른다면, 불안한 마음을 다스려 성공적으로 삶을 변화시킬 수 있을 것입니다.

어떤 이유로 당신을 도울 수 있다고 확신할 수 있을까요? 효과가 있다는 것을 알기 때문입니다! 이 책의 저자들은 기분 및 불안장애 분야의 임상가이자 과학자로서 수십 년 동안 가장 심각한 형태의 스트레스와 기분 및 불안장애를 다루는 일선에서 임상가로 일해 왔습니다. 이 책에 소개된 기법들은 유능한 임상가라면 누구나 알아야 할 불안 문제를 치료하기 위한 구체적인 전략들로 구성되어 있습니다. 이러한 기법들은 수십 년에 걸친 엄격한 임상 연구와 수많은 임상시험 및 연구를 통해 개발되었으며, 그 결과 이 책에 설명된 구체적인 근거 기반 치료법이 탄생했습니다. 자세히 언급하기에는 너무도 많은 위대한 사상가와 임상가가 이 전략들을 개발하는 데 참여했습니다. 이 책은 삶을 되찾기 위한 통찰과 기술들을 알려 드리는 비교적 쉬운 안내서입니다.

아마 당신이 접한 불안에 관한 책은 이 워크북이 처음은 아닐 것입니다. 불안 문제에 대한 자조 서적(self-help book)은 너무 많아 압도적이고 혼란스럽게 여길 수 있으며, 이러한 서적 중 상당수가 안타깝게도 잘못된 정보를 담고 있습니다. 당신은 상담사나 정신과 의사에게 도움을 받아 문제를 해결하려고 시도해 보셨을 수도 있습니다. 당신이 만났던 많은 상담사가 불안을 다루는 최고의 기술을 훈련받지는 않았기에, 큰 도움이 되지 못했을 수도 있습니다. 또한 여러 이유로 당신에게 약물 치료는 좋은 방법이 아닐 수도 있습니다. 이 책의 기술들이 얼마나 광범위하게 도움이 되는지 보여 주었던 연구를 통해, 모든 사람에게 이 책을 추천할 수 있습니다. 아직 시도해 보지 않으셨다면 잃을 것은 없으니 한번 시도해 보시기를 강력히 권합니다.

　　모든 사람이 똑같지는 않습니다. 우리는 각자 고유한 삶의 역사를 가지고 있습니다. 우리의 몸과 마음은 같은 상황에 대해서도 서로 다른 독특한 방식으로 반응합니다. 우리는 강점과 약점도 서로 다릅니다. 따라서 모든 사람의 다양한 불안 문제를 해결할 수 있는 단일한 접근법은 없습니다. 오히려 몇몇 전략들은 어떤 사람들에게는 매우 효과적이고, 어떤 사람들에게는 그와 다른 전략들이 효과가 있습니다. 그래서 여러 자조 서적에서 제시하는 획일적인 방법은 대부분 실망스러운 결과를 가져옵니다. 따라서 당신 자신을 위해 문제를 해결하는 데 적합한 올바른 전략을 찾아야 합니다.

　　이러한 이유로 우리는 불안과 걱정에 대처할 수 있는 치료 모듈을 고안했습니다. 각 장은 문제의 각기 다른 부분을 대상으로 합니다. 이러한 장은 서로 연관되어 있지만 독립적인 전략으로도 사용할 수 있습니다. 나보다 내 문제를 더 잘 아는 사람은 없습니다. 스스로가 최고의 전문가이므로 여러분은 자신에게 가장 적합한 방법을 가장 잘 결정할 수 있습니다. 먼저, 책 전체와 모든 장을 단계별로 살펴본 다음, 가장 효과가 좋았던 장을 다시 살펴보는 것이 좋습니다. 어떤 전략이 가장 효과가 좋은지 알아냈다면, 그 전략을 유지하며 계속 연습하세요. 단 몇 주 만에 극적인 결과를 확인할 수 있을 것입니다. 시작하세요. 시도해 보세요. 삶을 변화시켜 보세요. 불안한 마음을 바꿔 보세요.

소개: 이 워크북을 사용하는 방법

　　축하합니다! 이 워크북을 열어 보셨다면, 당신은 불안에 대해 뭔가를 하기 위한 첫걸음을 시작한 것입니다. 사소하게 보이지만 결코 작은 일이 아닙니다. 불안은 전체 인구의 4분의 1 이상에게 영향을 미치지만, 많은 사람은 몇 년 동안 불안을 해결하지 않고 지내기도 하고, 어떤 사람은 아예 아무것도 하지 않기도 합니다. 여기에는 우리가 이해하고 공감할 수 있는 많은 이유가 있습니다. 많은 사람은 자신이 불안하다는 것을 인정하기 두려워하거나 다른 사람들에게 자신이 불안하다는 것을 말하면서 지나치게 의식합니다. 어떤 사람들은 불안은 어쩔 수 없이 감수해야 하는 것이며, 할 수 있는 일이 없다고 생각할 수도 있습니다. 또 다른 사람들은 어디에 도움을 구해야 할지 모르거나 그 과정이 너무 험난하다고 생각합니다. 그리고 때로는 불안이 삶을 얼마나 어렵게 만드는지 깨닫지 못하는 사람들도 있습니다. 당신도 이런 생각을 많이 해 보셨을 것입니다. 하지만 지금 이 글을 읽고 계신다면 당신이 불안에 대처하는 방식이 달라지고 있다는 의미이며, 희망적으로 여길 수 있는 좋은 이유입니다!

당신이 희망적일 수 있는 또 다른 이유는 이 책의 저자들이 불안으로 고통받는 수백 명의 사람과 함께해 오면서 불안이 효과적으로 치료될 수 있음을 알고 있기 때문입니다. 이 워크북의 주요 목표는 극심한 불안과 걱정은 단순히 감당해야 하는 게 아님을 보여 주는 것입니다. 오히려 불안이 삶에 미치는 영향을 현저하게 줄일 수 있는 많은 도구와 전략을 배울 수 있습니다. 이러한 변화는 하루아침에 일어나지 않을 수도 있지만, 꾸준히 연습하며 배우게 될 도구들은 당신과 불안의 관계를 변화시킬 수 있습니다. 불안이 나를 통제하는 것이 아니라, 내가 불안에 대처하는 방식을 통제하고 원하는 삶을 살아갈 수 있습니다.

이 책이 당신에게 적합합니까?

불안은 보편적인 경험이므로 이 책에서 다루는 기술은 누구에게나 문제가 있는 불안 증상을 효과적으로 해결하는 데 도움이 될 수 있습니다. 하지만 이 책이 당신에게 특히 잘 맞는지 알 수 있는 구체적인 항목들이 있습니다. 다음의 문제 목록을 살펴보고 자신에게 해당되는 항목을 체크해 보세요.

□ 나는 내가 원하는 것보다 더 많은 것에 대해 걱정한다.
□ 나는 불안한 생각 때문에 자는 데 어려움이 있다.
□ 나는 신체적 긴장(어깨, 목 등)을 많이 경험한다.
□ 무언가에 대해 불안해할 때 나는 종종 불안한 생각을 멈추거나 조절하는 것이 어렵다.
□ 나는 불안감 때문에 집중하기 어렵다.

☐ 나는 잘못될 가능성에 대해 생각하는 데 많은 시간을 보낸다.

☐ 사람들은 나를 "걱정이 많은 사람"이라고 말한다.

☐ 나는 스트레스를 받으면 두통이나 근육통이 생긴다.

☐ 나는 긴장을 풀기가 힘들다.

☐ 나는 걱정할 때 짜증을 내거나 욱해서 화를 낸다.

☐ 나를 불안하게 만드는 일을 미루거나 피한다.

많은 항목에 체크하셨나요? 그렇다면 당신은 절대 혼자가 아니며, 이 워크북은 당신을 위한 것임을 기억하세요. 몇 개만 체크했더라도 그 때문에 괴로워하는 자신을 발견한다면, 이 책에 유용한 도구가 많이 있습니다. 책 전체에 걸쳐 몇 가지 기술을 배우고 다양한 상황에 적용하는 방법에 대한 예시를 참고할 수 있습니다.

또한 이 책은 혼자서 자조 워크북으로 사용하거나 치료자와 함께 사용할 수도 있습니다. 이 워크북에 사용된 접근 방식은 인지행동치료(CBT)를 기반으로 하므로, 인지행동치료에 익숙한 치료자를 만나고 계신다면 이 책에서 다루고 있는 내용에 대해 그 치료자와 이야기하는 것이 특히 도움이 될 수 있습니다. 다른 유형의 치료를 받고 계시더라도 이 책은 불안을 해결하는 데 유용한 도구가 될 수 있습니다.

이 책이 다루지 않는 문제도 많이 있습니다. 당신이 자살을 생각하거나, 심하게 낙담하며 우울감을 느끼거나, 술이나 문제를 일으키는 다른 물질을 사용하고 있는 경우라면, 이러한 문제에 대해 직접적으로 도움을 줄 수 있는 정신건강 전문가와 상의하는 것이 중요합니다.

워크북의 구성

이 워크북은 총 7개의 장으로 구성되어 있으며, 각 장은 서로 다른 기술을 다룹니다. 각 장 또는 각 장의 섹션은 다음과 같은 내용이 포함됩니다.

• 기술을 사용하는 방법과 이유 그리고 불안과 관련된 개념에 대한 정보 제공
• 불안으로 어려움을 겪는 사람에게 이러한 개념과 기술을 적용하는 방법에 대한 예시

- 제시된 개념을 설명하기 위한 활동
- 각 섹션의 마지막에 있는 핵심 개념에 대한 복습
- 불안을 모니터링하고 학습한 기술을 연습할 수 있는 연습 과제

이 워크북은 매우 활동적입니다. 단순히 읽는 것만으로는 불안에 대처하는 방법을 배울 수 없기 때문입니다! 불안을 효과적으로 해결하는 사람들은 연습을 통해 해결합니다! 불안을 극복하기 위해 새로운 기술을 시도하고 다양한 행동을 연습해 볼 것입니다. 배우는 과정이므로 연습할 시간을 넉넉히 갖고 배운 내용을 충분히 숙지하세요. 매주 하나의 장을 완료하는 것이 좋습니다. 여러 섹션들로 구성된 장의 경우에는 매주 한 섹션씩 완료하는 것이 좋습니다. 유일한 예외는 첫 번째 장의 섹션 1과 2이며 원하시면 함께 할 수 있습니다. 이러한 일정을 따른다면 총 11주가 소요됩니다. 어떤 속도를 선택하시든 스스로 책임감을 가질 수 있도록 각 장의 작업 계획을 세우는 것이 좋습니다. 이 섹션에 일정을 계획할 양식이 포함되어 있습니다.

다음은 각 장에서 배우게 될 내용에 대한 간략한 개요입니다. 이 기술은 가장 효과적인 치료법으로 꾸준히 입증된 인지행동 및 마음챙김 기반 치료에 기초합니다(Carpenter et al., 2018; Hofmann et al., 2010). 이 책의 저자들은 이런 기법이 수백 명에 달하는 환자들의 삶을 극적으로 변화시키는 것을 봐 왔기 때문에 당신도 최고의 방법을 배우게 될 것입니다.

- 제1장 당신의 여정을 계획하기: 이 장에서는 스스로 목표를 설정하고, 불안을 해결하려는 동기를 고려하여, 불안을 더 잘 이해하는 방법과 불안의 원인에 대해 배웁니다.
- 제2장 마음챙김 이완: 첫 번째 불안 감소 기법을 배우는 시기입니다. 이 장에서는 점진적 근육 이완 및 마음챙김 호흡이라는 두 가지 이완 기법을 배웁니다.
- 제3장 인지 재구성: 이 장에서는 습관적인 생각의 틀이 어떻게 불안을 증가시키는지, 생각의 함정을 식별하는 방법을 배웁니다. 그리고 도움이 되지 않는 불안한 생각에 도전하는 방법을 배웁니다.
- 제4장 걱정에 대한 걱정: 여기에서는 걱정과 불안에 대한 믿음이 어떻게 불안을 키울 수 있는지 알아보는 방법을 배웁니다. 또한 불안한 생각을 다른 방식으로 다루는 데 도움이 되는 마음챙김 기술을 연습합니다.

- 제5장 두려운 시나리오 및 심상에 직면하기: 이 장에서는 두려운 상황에 직면하는 방법을 배웁니다. 이러한 상황 중 일부는 현실에 기반한 것일 수도 있고, 일부는 상상 속에만 있을 수도 있습니다. 원인이 무엇이든 이 기법은 불안을 극복하는 데 도움이 될 수 있습니다.
- 제6장 행동을 변화시키기: 이 장에서는 불안을 지속시키는 행동을 파악하는 방법을 알아봅니다. 또한 이러한 행동을 적극적으로 변화시키기 위한 계획을 세우는 방법을 배웁니다.
- 제7장 목표를 향한 진전 및 재발 방지: 목표를 향한 진행 상황을 검토하는 것으로 마무리합니다. 또한 변화를 유지하는 방법도 배웁니다.

다음 표에는 각 장에서 다루게 될 몇 가지 주요 질문이 나와 있습니다. 질문 중 일부는 다른 질문보다 당신과 더 관련이 있을 수 있고, 관련된 질문을 다루는 장이 당신에게 가장 도움이 될 수 있습니다. 그렇지만 먼저 모든 장을 살펴보고, 그다음에 자신에게 가장 도움이 되는 장을 더 많이 연습하는 것이 좋습니다.

장 제목	도움이 될 질문들
제1장 당신의 여정을 계획하기	• 당신의 목표는 무엇인가요? • 불안이 문제가 되나요? • 당신은 불안에 대처할 준비가 됐나요?
제2장 마음챙김 이완	• 지나치게 긴장을 많이 하나요? • 긴장을 푸는 데 어려움이 있나요? • 호흡에 문제가 있나요? • 집중하고 현재에 머무르는 데 어려움이 있나요?
제3장 인지 재구성	• 자동적으로 부정적인 생각이 많이 떠오르나요? • 가끔 필요 이상으로 일을 크게 벌이나요? • 최악의 상황을 가정하는 경우가 많나요?
제4장 걱정에 대한 걱정	• 걱정이 나쁜 결과를 예방하는 데 도움이 될 수 있다고 생각하나요? • 걱정으로 인한 결과에 대해 걱정하나요? • 부정적인 생각에서 주의를 돌리는 것이 어렵나요?
제5장 두려운 시나리오 및 심상에 직면하기	• 두려움을 직면하지 않기 위해 하거나 하지 않는 행동이 있나요? • 당신이 많이 두려워하고 피하는 심상이나 상황이 있나요? • 회피하는 습관을 어떻게 극복할 수 있나요?

제6장 행동을 변화시키기	• 어떤 걱정으로 인한 행동이 불안을 더 악화시키나요? • 이러한 행동을 어떻게 구별하고 바꿀 수 있을까요?
제7장 목표를 향한 진전 및 재발 방지	• 어떤 영역에서 진전이 있었나요? • 어떻게 하면 좋은 성과를 계속 유지할 수 있을까요? • 어떤 부분을 더 개선해야 할까요?

워크북 최대한 활용하기

워크북을 진행하면서 가능한 한 많은 도움을 얻으려면 다음의 기본 원칙을 따르십시오.

1. 꾸준하게 연습하세요: 이 워크북의 한 장을 읽는 데는 한 시간 이상 걸리지 않을 것입니다. 하지만 일주일에는 168시간이 있고, 매주 나머지 167시간 동안 당신이 하는 행동이 이 책을 읽는 시간보다 불안에 더 큰 영향을 미칠 것입니다. 그러니 연습하고 연습하며 또 연습하세요. '연습'은 초반에는 주로 불안을 살펴보고 모니터링하는 것을 의미하지만, 워크북을 진행하면서 점점 더 많은 기술을 접하게 될 것입니다. 연습을 많이 할수록 더 많은 도움이 될 것입니다. 당신의 삶에는 아마 많은 일이 일어나고 있을 것이고, 지금 당장 다른 약속을 지키느라 충분한 연습 시간을 내기가 어려울 것입니다. 하지만 연습 시간을 투자라고 생각하세요. 시간을 투자하면 나중에 불안을 더 잘 관리할 수 있는 단계에 도달했을 때 많은 시간과 에너지를 확보할 수 있습니다.

2. 인내심을 가지세요: 불안은 오랜 세월 특정한 방식으로 사고하고 행동한 결과로 발생하는 경우가 많습니다. 그렇다고 바꿀 수 없다는 뜻이 아니라, 이런 습관을 바꾸는 데는 시간이 걸린다는 것입니다. 좌절감을 미리 예상하고, 일부 기술이 즉시 효과가 나타나지 않더라도 스스로 인내심을 가지세요. 처음에는 성과가 작게 느껴지더라도 인내심을 갖고 꾸준히 노력하는 것이 중요합니다.

3. 사회적 지지를 활용하세요: 이 책을 읽으면서 다른 사람의 도움을 받으면, 효과를 극대화하는 데 큰 도움이 될 수 있습니다. 다른 사람들이 또 다른 동기부여를 해 주거나 어려운 개념이나 연습에 대한 아이디어를 줄 수 있습니다. 때로는 단순히 다른 관점을 취하는 것만으로도 불안을 다르게 바라보는 데 도움이 될 수 있습니다.

4. 완벽주의에 주의하세요: 불안을 많이 경험하는 사람들은 종종 일을 완벽하게 해내려는 강한 충동을 느낍니다. 탁월함을 위해 노력하는 것은 좋은 목표이지만, 완벽주의는 자신이 하는 일에서 가장 중요한 것을 놓치게 만들거나 더 심한 경우 완벽하게 해내지 못할까 봐 중요한 일을 회피하게 만들어 문제를 일으킬 수 있습니다. 궁극적으로 이 책에 소개된 기술을 완벽하게 수행하는 방법은 없으니 최선을 다하세요!

5. 자신에게 맞는 방법을 찾아보세요: 이 책은 불안 장애 치료 전문가들이 개발하고 검증한 기술과 전략을 제시하지만, 자기 삶에 대한 전문가는 바로 자신입니다. 불안한 마음을 변화시키는 데는 정해진 접근 방식이 없으므로 워크북을 자신에게 가장 잘 맞는 방식으로 활용하세요. 워크북의 모든 과정에서 솔직하게 표현하고, 어떤 기술이 자기에게 더 잘 맞는 기술인지 예상해 보세요.

워크북에 나오는 친구들

이 워크북에서는 불안을 느끼는 세 사람의 경험을 다룹니다. 내용을 깊게 이해하는 데 도움이 되기를 바랍니다. 등장인물들은 가상의 인물이지만, 그들이 겪는 어려움은 불안을 치료하려는 사람들이 공통적으로 겪는 것입니다. 다음의 인물들에 대해 읽어 보면서 자신에게도 해당하는지 확인해 보세요.

질(Jill)

질은 30대 초반으로 컨설팅 회사에서 일하고 있습니다. 그녀는 일을 많이 하는 사람으로, 사무실에 가장 먼저 출근하고 가장 늦게 퇴근하는 경우가 많으며, 대부분의 동료와 달리 주말에도 일하는 경우가 많습니다. 그녀는 이런 노력을 통해 인생 전반에 걸쳐 많은 보상을 받았습니다. 학교에서 항상 좋은 성적을 거두었고 회사에서도 꾸준히 승진해 왔습니다. 그럼에도 불구하고 그녀는 실적이 저조하거나 부족한 것은 아닌지 끊임없이 걱정합니다. 그녀는 발표내용을 몇 시간 동안 꼼꼼하게 검토하고, 크게 중요하지 않은 부분을 변경하고, 업무를 하는 가장 좋은 방법에 대해 이리저리 고민합니다. 그녀는 항상 업무용 휴대폰을 가지고 다니며 이메일을 수시로 확인하고, 늦은 밤에도 업무와 관련된 일이라면 즉시 응답해야 할 것처럼 느낍니다. 지난 몇 년 동안 일에 대한 불안감이 지속되면서, 개인 생활에서도 문제가 나타나기 시작했습니다. 일 때문에 바쁘다는 이유로 친구들과의 약속을 피하고, 급한 일이 생겨서 마지막에 약속을 취소하는 일이 잦아졌습니다. 친구를 만나더라도 마음은 일에만 집중되어 있어 즐겁게 지내기 어렵습니다. 게다가 그녀는 자신이 아직 미혼이라는 것을 불안해합니다. 연애하고 싶어도 너무 바빠서 지난 몇 년 동안 데이트를 거의 하지 않았습니다. 바쁜 업무 일정 속에서 연애를 하는 것은 부담스럽게 느껴집니다.

엘리야(Elijah)

엘리야는 20대 중반의 대학원생으로 미루는 습관 때문에 상당한 어려움을 겪고 있습니다. 그는 스트레스를 받으면 학교 과제를 계속 미루고, 과제를 할 때 자신이 잘하고 있는지 극도로 불안해하여 과제를 더욱 회피하는 경향이 있습니다. 대학생 때는 학교에서 꽤 잘했지만, 대학원생이 되어서는 과제에 대해 심한 비판을 받아 왔고 이제는 완벽한 결과물을 제출해야만 하는 것처럼 느끼고 있습니다. 부실한 과제에 대한 두려움과 계속 미루는 습관 때문에 일부 수업에서 낙제점을 받았고, 졸업하려면 한 학기 수강료를 추가로 지불해야 합니다. 그 결과 엘리야는 재정적인 문제에 직면해 있습니다. 그는 학자금 대출과 신용카드로 인한 빚을 지고 있습니다. 그는 빚을 어떻게 갚을지 생각하는 게 두려워서, 몇 달 동안 우편물을 열어 보지 않고 방치해서 재정 문제가 더욱 악화되었습니다. 그는 여자친구와 함께 살고 있는데, 여자친구는 그를 도와주려고 노력합니다. 그러나 불안으로 인해 종종 여자친구에게 과도하게 짜증을 내서, 최근 몇 달 동안은 자주 다투면서 둘의 관계도 나빠졌습니다. 그는 수면에 어려움을 겪고 있습니다. 밤새 뒤척이며 정신이 '꺼지지 않는' 것처럼 느낍니다. 그러면 온종일 피곤함을 느끼며 과제나 수업에 집중하기 어려워집니다.

소피아(Sofia)

소피아는 50대 후반의 기혼 여성으로, 16세와 19세 아들 두 명이 있습니다. 그녀는 자녀들, 특히 막 대학에 진학한 큰아들의 안위에 대해 끊임없이 걱정합니다. 그녀는 매일 여러 번 자녀들에게 전화하고 문자를 보냅니다. 자녀들이 응답하지 않으면 그녀는 자녀들이 끔찍한 사고를 당했을 것이라고 최악의 상황을 가정합니다. 그녀는 자신의 걱정이 비합리적이라는 것을 알고 있지만 그렇다고 해서 극심한 불안이 가라앉지는 않습니다. 또한 소피아는 제시간에 도착하거나 집안일을 끝내는 것과 같은 사소한 일에도 쉽게 압도당합니다. 그녀는 일을 끝마치는 데 필요한 시간이 부족하다고 느끼며, 항상 매우 일찍 일어나면서도 늦을 것 같다고 생각하며 초조해하곤 합니다. 그녀는 스트레스 때문에 몇 년 동안 일을 하지 않았습니다. 불안 때문에 소피아는 심한 두통과 목의 통증을 자주 경험해 왔고, 이에 따라 정신적, 신체적 건강에 대한 걱정이 더욱 커졌습니다. 그녀는 지난 몇 년 동안 여러 차례 의료 시술을 받았고, 걱정이 너무 많아 몸이 나빠지고 있는 것은 아닐까 걱정하고 있습니다. 그녀는 인터넷에서 자신이 앓을 수 있는 질병을 조사하는 데 많은 시간을 할애하고 있으며, 뇌종양이나 심각한 의학적 문제가 있다고 확신하며 많은 진료 일정을 예약해 놓았습니다.

이 책을 통해 질, 엘리야, 소피아에 대해 더 많은 이야기를 들을 수 있습니다. 당신이 자신에 대해 더 많이 알게 되면 그들의 불안이 어떻게 작용하는지 그리고 앞으로 배우게 될 전략이 어떻게 도움이 될 수 있는지 더 잘 이해할 수 있을 것입니다.

계획 세우기 및 진행 상황 살펴보기

다음 페이지의 일정표를 사용하여 워크북의 각 섹션을 완료할 시기를 계획하고 진행 상황을 살펴보세요.

복습하기: 키포인트

- 워크북을 시작하신 것을 축하합니다! 불안을 인정하는 것이 불안을 더 잘 관리하는 방법을 배우는 첫걸음입니다.
- 이 책은 통제하기 어려운 불안과 걱정, 근육 긴장, 수면 장애, 성마름, 주의집중의 어려움과 같은 문제를 해결하는 데 도움이 될 수 있습니다.
- 워크북은 적극적으로 사용하기 위한 것입니다. 이 책을 최대한 활용하려면 배운 기술을 꾸준히 연습하고, 인내심을 갖고, 사회적 지지를 활용하고, 완벽주의를 조심하고, 이런 기술

을 자신에게 가장 잘 적용하는 방법을 찾아보십시오.

장별	완료 예정일	완료 날짜
소개: 워크북 사용법		
제1장 당신의 여정을 계획하기		
섹션 1 목표 설정 및 동기 부여		
섹션 2 불안과 걱정의 본질		
섹션 3 어떻게 불안 발작이 나타나는가		
제2장 마음챙김 이완		
제3장 인지 재구성		
섹션 1 확률 과대평가		
섹션 2 재앙적 사고		
제4장 걱정에 대한 걱정		
섹션 1 초연한 알아차림		
섹션 2 걱정 연기하기		
제5장 두려운 시나리오 및 심상에 직면하기		
제6장 행동을 변화시키기		
제7장 목표를 향한 진전 및 재발 방지		

차례

당신의 여정을 계획하기

제1장의 세 가지 섹션은 불안을 줄이기 위한 여정의 밑그림을 그리는 데 도움이 될 것이다. 첫째, 실제로 당신의 삶에서 변화시키고 싶은 것과 그 이유에 대해 생각해 볼 것이다. 둘째, 불안과 걱정이 정확히 무엇인지 알게 될 것이며, 이것들이 당신의 삶에 영향을 미치는 방식을 모니터링하기 시작할 것이다. 셋째, 불안의 다양한 요소들이 어떻게 상호작용하여 악순환이 되는지에 대해 배울 것이다. 이장의 마지막에 당신은 실질적인 변화를 시작하는 데 필요한 기본지식을 갖게 될 것이다.

목표 설정 및 동기 부여

섹션 1

불안이 당신의 삶에 미치는 영향을 줄이기 위해 즐거움과 흥미를 갖고 이 책을 활용하기를 바란다. 그러나 변화가 쉽지 않음을 인정하는 것이 중요하다. 당신은 언젠가부터 시작된 불안한 생각과 행동이 패턴이 존재하기 때문에 이 워크북을 읽고 있을 것이다. 어쩌면 이러한 습관 중 일부는 다른 긍정적인 대안에 비해 더 쉽고 편하게 느껴질 수 있다. 또한 변화에는 지속적인 노력이 필요하기에 도전적으로 느껴질 수도 있다. 이런 이유로, 불안을 해결하고 싶은 동기에 대해 생각하고, 경험할 수 있는 어려움에 대해 스스로 솔직해지는 것이 도움이 될 수 있다. 이는 불안이 감소하면 어떤 효과가 있을지 상기시켜 주며, 실제로 그렇게 변화하는 과정에서 마주할 수 있는 장애물을 예상하는 데 도움이 될 수 있다.

구체적인 예시로, 소피아의 활동지를 통해 변화하는 것과 지금 상태를 유지하는 것에 대한 장단점을 살펴보자.

변화했을 때 장점	변화했을 때 단점
• 두통과 목 통증의 감소 • 자녀들을 괴롭게 하지 않을 것이다. • 덜 불안하다면 복직할 수 있을 것이다. • 긴장을 푼다면 조금 더 즐길 수 있을 것이다.	• 평생 불안과 함께 살았기 때문에, 불안감을 느끼지 않는 나를 상상할 수 없다. • 시도와 실패가 두렵다. • 이미 바쁘고 스트레스를 받고 있어 변화할 시간적 여유가 없을 것 같다.
유지했을 때 장점	유지했을 때 단점
• 익숙하다. • 다른 사람들에 대해 걱정하는 것은 내가 사려 깊은 사람이라는 뜻이고, 나는 이것을 포기하고 싶지 않다.	• 항상 불안감을 느끼는 것은 지친다. • 나는 계속 걱정을 하면서 많은 시간을 허비할 것이다. • 불안은 신체적인 건강에도 영향을 미칠 것이다.

당신은 소피아가 변화해야 할 이유가 많다는 것을 알 수 있으며, 불안에 대해 아무것도 하지 않는 것은 상당히 큰 손해라는 것을 알 수 있다. 동시에, 그녀가 변화하기로 결심한다면 여러 난관에 직면하게 될 것이다. 소피아처럼 많은 사람들은 불안이 자기 정체성의 일부이며, 사려 깊은 사람처럼 느끼는 긍정적인 면모를 갖게 만든다고 생각한다. 게다가 변화의 불확실함은 불안정하게 느껴진다. 유명한 관용구를 빌리자면, '불안은 당신이 아는 악마다.'[1] 재미는 없지만, 적어도 친숙하다. 또한, 소피아가 느낀 실패에 대한 두려움도 흔한 감정이다. 종종 사람들은 불안하지 않기 위해 무언가를 하고, 그게 효과가 없으면 불안이 영원할 것이고, 훨씬 더 악화될 것이라고 걱정한다. 당신은 이 사고의 흐름이 문제가 있다는 것을 알 수 있겠지만, 실패에 대한 걱정과 무력감은 불안을 경험하는 사람들의 전형적인 특징이다.

1. 변화에 대해 생각하기

변화할 경우 겪을 수 있는 어려움과 장애물이 있음에도 불구하고, 스스로에게 질문해 보자. "소피아에게 변화가 가치 있을 것 같은가?" 그리고 다시 스스로에게 질문해 보자. "불안을 해결하고 싶은 이유는 무엇인가?"

변화하고 싶은 당신만의 이유와 예상되는 어려움에 대해 다음 빈칸을 채워 보자. 사소하고 중요하지 않은 이유처럼 생각되더라도 최대한 당신이 채울 수 있을 만큼 채워 보자.

---

1) 미국의 속담, 이 책에서는 겪어 보지 않은 새로운 도전을 시도하여 변화하는 것보다, 불편할지라도 익숙한 현 상태를 유지하는 것이 더 낫다는 의미로 사용되었다.

변화했을 때 장점	변화했을 때 단점
• • •	• • •

유지했을 때 장점	유지했을 때 단점
• • •	• •

당신이 적은 내용들을 다시 한번 살펴보자. 변화가 필요하다고 생각하는가? 변화가 필요한 이유 또는 그렇지 않은 이유에 대해 적어 보자.

～～～～～～～～～～～～～～～～～～～～～～～～～～～～～～～～～～～

～～～～～～～～～～～～～～～～～～～～～～～～～～～～～～～～～～～

～～～～～～～～～～～～～～～～～～～～～～～～～～～～～～～～～～～

～～～～～～～～～～～～～～～～～～～～～～～～～～～～～～～～～～～

이 시점에서 당신은 변화했을 때의 장점이 단점보다 많다고 생각하겠지만, 만약 변화하는 것에 대해 양가적인 감정이 든다면, 이 또한 그럴 수 있다. 이 연습을 하는 이유는 먼저 당신이 변화하길 원하는 모든 이유를 깨닫기 위함이다. 그러나 무엇이 방해가 될 수 있는지 예상해 보는 것도 좋다. 이 워크북을 계속 읽어 가면서, 변화의 단점 중에서 일부는 결국 그리 걱정할 필요가 없다는 것을 깨닫길 바란다. 예를 들어, 당신의 불안감을 변화시키는 것은 당신 자체를 변화시키는 게 아니다. 또한 바쁜 일상에 적용하기는 어렵더라도, 이 워크북에 나오는 기술을 연습하는 시간이 효과가 있는지 직접 확인할 기회도 얻을 수 있을 것이다(그렇게 될 것이라고 확신한다!).

변화에 대한 의욕이 불타올랐다가 가라앉고 의심이 생기는 것은 너무나 정상적인 일이지만, 이것을 당신이 노력하기를 포기하는 이유로는 삼지 말자. 대신, 당신이 위에 적은 것들을 다시 살펴보고, 변화에 대한 당신만의 중요한 이유를 떠올려 보자.

2. 목표 설정하기

변화 동기를 부여하는 또 다른 효과적인 방법은 목표를 설정하는 것이다. 목표를 단순히 적어보는 것만으로도 목표를 달성하기 위해 더욱 노력할 수 있고, 목표 달성 가능성을 높일 수 있다(Webb & Sheeran, 2006). 그러나 올바른 목표를 설정하는 것이 중요하다. 예를 들어, 당신이 다음과 같은 목표를 설정했다고 생각해 보자.

'나는 불안감을 느끼고 싶지 않다.'

만약 당신의 목표가 이것이라면, 책을 잘 선택한 것이다! 그러나 이런 목표는 문제점이 있다. 연구에 따르면 가장 효과적인 목표는 ① 구체적이고 명확하며 ② 도전적이지만 현실적이어야 한다(Locke & Latham, 2002). 먼저 위의 목표는 구체적이지 않다. 그럼 다음과 같이 질문해 볼 수 있다. 당신은 어떤 상황에서 불안을 느끼고 싶지 않은가? 불안을 일으키는 요인 중에서 특별히 해결하고 싶은 것이 있는가? 불안을 느끼지 않는 것은 어떤 모습인가? 달리 말하면, 그렇게 불안하지 않다면 당신의 삶에서 눈에 띄게 달라지는 것은 무엇인가? 이런 질문들은 삶에서 변화하고 싶은 특정 부분을 뚜렷하게 만들어 구체적인 목표를 설정하는 데 도움이 될 수 있을 것이다. 이런 구체적인 목표를 설정함으로써, 당신은 목표 달성 여부를 더 잘 평가할 수 있을 것이다. 좋은 목표는 달성한 후에 설정해 둔 목표와 대조해 볼 수 있는 것이다.

앞에 적힌 목표의 두 번째 문제점은 현실성이 없는 것인데, 이럴 경우 쉽게 동기를 잃어버리게 된다. 불안감을 절대로 느끼지 않는 것이 좋아 보일 수 있지만, 그것은 어느 누구도 도달할 수 없는 목표이다(다음 섹션에서 얘기할 부분이지만, 반드시 바람직하지도 않다).

따라서 불안을 완전히 없애는 방법을 생각하는 대신, 불안이 덜해지면 당신의 삶이 어떤 모습일지 현실적이고 달성 가능한 목표에 대해 생각해 보자.

구체적으로 이해하기 위해, 질, 엘리야, 소피아의 목표 리스트를 살펴보자. 당신은 이들의 목표가 처음에는 추상적이었으나, 구체적이고 관찰 가능하고 달성 가능한 목표로 변화하는 것을 볼 수 있을 것이다.

1) 질(Jill)

목표: 일과 삶 사이의 건강한 균형을 만드는 것

이 목표는 어때 보이는가? 어떻게 목표에 도달했는지 알 수 있는가? 더욱 구체적으로 적어보자.

① 적어도 일주일에 한 번씩은 친구들과 시간을 보낸다.
② 놀 때나 쉴 때는 업무용 핸드폰을 확인하지 않는다.
③ 온라인 데이트 프로필을 만들고, 적어도 세 번은 데이트한다.
④ 적어도 일주일에 두 번은 저녁 요가 수업을 위해 퇴근한다.

질의 목표가 특별히 불안에 관련된 것이 아니라는 점에 주목해 본다. 이 목표는 오히려 그녀의 삶에서 변화하길 바라는 것들인데, 그 목표를 달성하는 데 불안이 방해하고 있다. 특정 상황에서 불안감을 느끼지 않는 것을 생각하는 것보다 만약 불안하지 않다면 삶이 어떻게 변할지 생각해 보는 것이 더 강한 동기 부여가 될 수 있기 때문에, 이 방법이 도움이 될 수 있다.

2) 엘리야(Elijah)

목표: 너무 많이 미루지 말고, 학업을 잘하는 것

이 목표는 어때 보이는가? 어떻게 목표에 도달했는지 알 수 있는가? 더욱 구체적으로 적어보자.

① 다음 학기의 모든 수업을 통과한다.
② 매일 평일 저녁 최소 30분 이상 학교 공부를 한다.
③ 제시간에 과제를 마무리하여 비판받을 것에 대한 불안을 줄인다.
④ 학기에 최소 두 번은 지도교수님과 면담한다.

엘리야는 상당히 추상적인 목표에서 시작했지만(학업을 잘하는 것), 이후 훨씬 더 구체적인 목표를 세웠다. 그는 불안 감소에 대한 목표도 포함시켰지만(③번 목표), 그 목표는 매우 구체적이며, 성취하길 바라는 것을 명확히 하고 있다(제때 과제를 완료하는 것). 또한 불안을 해소하기 위해 사용할 수 있는 구체적인 방법도 제시하고 있다.

3) 소피아(Sofia)

목표: 불안 발작을 일으키는 사소한 스트레스 요인을 예방하는 것

이 목표는 어떤 보이는가? 어떻게 목표에 도달했는지 알 수 있는가? 더욱 구체적으로 적어보자.

① 감정이 고조되는 것을 막기 위해 불안을 빨리 알아차리기
② 마음을 진정시키기 위해 이완 기법을 사용하기
③ 할 일이 너무 많다고 느낄 때 할 일 목록에 우선순위를 정하기
④ 자녀의 안부 확인을 하루에 한 번 전화나 문자하는 것으로 횟수를 제한하기

만약 당신이 소피아처럼 매일 일상 속에서 사소하고 다양한 것에 많은 걱정을 한다면, 구체적인 목표를 세우는 것이 더 어려울 수 있다. 이러한 사소한 스트레스 요인을 어떻게 인지하고 반응할지에 대한 목표를 세우는 것이 효과적일 수 있다.

지금까지 몇 가지 예시를 살펴보았으니, 당신의 목표를 생각해 보고 다음 칸에 적어 보자. 어려울 수 있으니 시간을 갖고 천천히 작성해 보길 바란다.

불안감 때문에 가장 힘든 점은 무엇이며, 만약 불안감이 덜 해지면 삶에서 가장 하고 싶은 것

이 무엇인지 생각해 보길 바란다. 그 후 구체적으로 그렇게 할 수 있는 방향을 탐색해 보자. 책을 살펴보고 목표를 세울 때 이 섹션을 다시 살펴보기를 바란다.

목표 설정 활동지

목표 1.

이 목표는 어때 보이나요? 어떻게 목표에 도달했는지 알 수 있나요? 더욱 구체적으로 적어 보세요.

①

②

③

④

⑤

목표 설정 활동지

목표 2.

이 목표는 어때 보이나요? 어떻게 목표에 도달했는지 알 수 있나요? 더욱 구체적으로 적어 보세요.

①

②

③

④

⑤

목표 설정 활동지

목표 3.

이 목표는 어때 보이나요? 어떻게 목표에 도달했는지 알 수 있나요? 더욱 구체적으로 적어 보세요.

①

②

③

④

⑤

복습하기: **키포인트**	• 불안에 대응하는 방식을 변화시키는 것은 어려울 수 있으므로, 변화할 때 얻을 이득과 현 상태를 유지할 때 치러야 할 비용을 다시 한번 살펴보자. 불안을 해결해야 할 많은 이유를 발견할 수 있을 것이다. • 변화에 대해 양가적이고 복합적인 감정이 드는 것은 당연하다. 이런 감정에 휘둘리지 않기를 바란다. 마주할 수 있는 장애물에 대비하고 견뎌야 한다. • 동기 부여하고 유지하기 위해 구체적이고 관찰 가능하며 달성 가능한 목표를 작성해 보고, 불안을 극복하고 성취하고 싶은 일들을 구체화해 보자. 이 책을 따라 앞으로 진행하면서 당신의 목표를 꾸준히 상기시켜 보길 바란다.
집에서 연습하기	• 성찰하기: 변화해야 할 이유를 생각하고 목표를 작성해 보자.

불안과 걱정의 본질

지금까지 이 워크북의 방향을 잡고 몇 가지 목표를 정했으니, 이제 '불안은 정확히 무엇인가?' 라는 질문에 답해야 할 시간이다. 이 질문은 기본적인 질문처럼 느껴질 수 있지만, 불안을 정의하고, 불안이 왜 존재하는지 알고, 불안이 어떻게 문제가 되는지 이해하면, 최선의 개입 방법을 마련할 수 있다. 기초부터 시작해 보자.

1. 불안의 목적

불안은 우리가 모두 경험하는 보편적인 감정으로, 잠재적인 위험에 대해 경고하는 역할을 한다. 이는 마치 우리 몸의 알람 시스템과 같으며, 생존에 꼭 필요한 것이다. 예를 들어, 불안은 차가 우리를 향해 달려오면 피하게 하고, 독사를 보면 물러서게 하며, 폭풍이 치는 바다에서 수영을 하지 않게 한다. 극단적인 경우 불안은 우리가 생명을 위협받는 상황을 피할 수 있도록 도와준다. 덜 극단적인 상황에서, 불안은 우리가 소중히 여기는 것에 대한 위협에 대비하여 준비하게 한다. 예를 들어, 불안은 잘하고 싶은 발표를 위해 미리 준비를 시작하도록 하거나, 한 시간 전에 도착하기로 했던 가족에게 확인 연락을 하도록 할 수 있다. 불안은 매우 중요한 기능을 수행하기 때문에 우리의 목표는 불안을 완전히 없애는 것이 아니라, 불안이 언제 우리를 도와주고, 언제 우리를 해치고 있는지 구별하는 것이다.

2. 불안은 어떻게 문제가 되는가

불안은 다음 중 하나 혹은 둘 다 해당할 때 문제가 된다.

① 기능 수행을 방해하는 경우
② 상황에 비해 더 많은 고통을 야기하는 경우

예를 들어, 질의 상황을 생각해 보자. 때때로 불안은 질이 마감기한을 맞추고 우수하게 업무를 수행하며 계속 일자리를 유지하도록 열심히 일하는 데 도움을 준다. 그러나 불안이 더 심해지면, 그녀는 일을 완벽하게 처리하기 위해 너무 늦게까지 일하고, 집중하기 어렵고, 결정을 내리는 데 어려움을 겪으며 부주의한 실수를 저지르기도 한다. 또한 다음 날 해야 할 일에 대해 걱정하며 잠을 잘 이루지 못하는 등 수면에도 문제가 생긴다. 이 모든 것은 일상생활을 희생하는 대가이다. 질의 불안은 그녀가 중요하게 생각하는 것(친구들과의 만남)을 할 수 없도록 방해하며, 업무에도 영향을 미친다.

소피아의 경우, 자녀들의 안위에 대해 불안해 하는 것은 어머니로서 사랑과 관심을 갖고 행동하게 한다. 그러나 대학에 다니는 큰아들에게 문자를 보내고 몇 시간 동안 답장이 없으면, 그녀는 끔찍한 일이 벌어졌다고 상상하기 시작한다. 그래서 과도하게 문자를 보내고, 이로 인해 큰아들은 짜증이 나게 된다. 이러한 불안 반응은 상황에 비해 훨씬 더 많은 고통을 가져오고, 관계에도 악영향을 미친다.

다음 페이지에서는 불안이 문제가 되거나 심한 고통을 야기하는 영역 몇 가지를 나열하였다. 잠시 동안 자신에게 불안이 어떻게 문제가 되었는지 확인하고, 기록해 보자.

3. 범불안장애: 범불안장애는 무엇인가

범불안장애(Generalized Anxiety Disorder: GAD)는 문제가 되는 불안의 가장 흔한 형태 중 하나이다. 정확한 진단 기준은 좀 더 구체적이지만, 이해를 돕기 위해 두 가지 주요 특징을 소개한다.

① 통제할 수 없는 과도한 걱정
② 과도한 신체적 긴장감

우선 걱정에 대해 이야기해 보자. 걱정은 잠재적인 문제에 대한 도움이 되지 않는 사고 반응이다. 어떤 일을 걱정할 때는 있을 수 있는 나쁜 결과나 잘못될 수 있는 일에 집중하는 경향이 있다. 또한 그 상황에서 무엇을 해야 할지 고민하기도 하지만, 실제로는 아무것도 하지 않고 해결책을 찾기 위한 노력도 하지 않게 된다. 걱정은 마치 고장난 레코드판처럼 같은 생각을 계속 반복해서 맴돌지만, 전혀 나아가지 않는 것이다. 범불안장애 환자들은 걱정을 통제하기 매우 어렵기 때문에, 한번 걱정이 시작되면 멈출 수 없다. 실제로 걱정은 종종 악순환을 이루며, 비교적 사소한 부정적 결과로 시작해서 점점 심각하고 위험한 걱정으로 이어지는 경향이 있다. 그 결과 걱정이 실제로 발생할 가능성이 있다고 느껴지게 된다. 사람들은 흔히 자신의 마음이 "계속해서 돌아가거나" 생각을 "멈추기 어렵다"고 말한다.

불안 때문에 방해받고 고통받는 삶의 영역	
직장·학교	
가족	
사회생활	

신체적 건강	
기타	

걱정은 과거에 일어난 부정적인 사건을 반복해서 생각하는 반추와 유사하다. 그러나 걱정은 항상 미래에 대한 것이라는 차이가 있다. 과거에 저지른 실수를 떠올리면 미래에도 같은 실수를 저지르지 않을까 걱정하는 등 걱정과 반추는 종종 함께 나타나는데, 둘 다 생산적이지 않다.

범불안장애의 두 번째 주요 증상은 과도한 신체적 긴장이다. 이는 근육 긴장과 긴장성 두통으로 흔히 나타나지만 위장 장애, 메스꺼움, 피로, 근육통, 안절부절못하는 느낌으로 이어질 수도 있다. 몸이 지속적으로 긴장되면 수면이나 주의집중, 의사결정이 어려워지고, 긴장하고 예민해지며 짜증을 내기 쉬워진다. 중요한 발표 직전에 메스꺼움을 느끼거나 집중력이 떨어지는 등 때때로 이러한 증상은 불안이 극심해지는 시기와 맞물릴 수 있다. 그중 많은 부분은 만성적인 스트레스와 걱정으로 인해 긴장이 쌓인 결과이다.

"그래서 제가 범불안장애인가요?"라는 질문은 최종적으로 정신건강 전문가와의 임상 면접을 통해 답변할 수 있다. 그러나 과도한 걱정과 신체적인 긴장이 일상에서 지속적으로 나타난다면, 범불안장애를 경험하고 있을 가능성이 있다. 실제로 가장 중요한 것은 범불안장애 진단 기준을 충족하는지 여부가 아니라, 불안이 어떻게 당신의 생활을 방해하고 고통을 일으키는지이다. 걱정과 신체적인 긴장이 당신의 삶에 문제를 일으키고 있다면, 불안에 대해 대처해야 할 필요가 있으므로 계속 읽어 보자!

4. 왜 이렇게 많이 불안한 걸까

사람들이 불안에 대해 더 많이 배우기 시작하면, 일반적으로 이런 질문을 한다. "왜 나에게 이런 문제가 생기는 걸까?" 아마도 당신은 주변에서 불안에 아무 영향을 받지 않는 사람들을 알고 있을 것이다. 그들도 때로는 불안해지지만 큰 문제가 되지 않는다고 한다. 그렇다면 왜 당신은 다른 걸까? 우리는 다음 공식을 사용하여 이를 더 잘 이해해 볼 수 있다.

문제가 되는 불안 = 취약성 + 스트레스

여기서 취약성이란 다양한 생물학적, 발달적, 성격적 요인을 의미한다. 이러한 요인은 높은 수준의 불안에 더 취약한 사람들을 만드는데, 취약성만으로는 문제를 일으키지 않지만 특정 조건에서는 불안 문제에 더 높은 위험을 겪을 수 있다. 아래에 일반적인 취약성 요인을 나열하였다. 자신의 개인적인 취약성을 고려하면서 해당하는 요인을 확인해 보자. 이 목록에는 모든 요소가 다 포함되어 있지는 않으니, 마음에 떠오른 다른 요소들도 목록 맨 아래에 추가해 주길 바란다.

1) 불안에 대한 취약성 요인

- 상당한 불안이나 다른 정신건강 문제를 가진 가족 구성원(유전적 요인)
- 성장 과정에서 부모나 양육자가 불안해하는 모습과 행동을 보였던 경험
- 불안정한 생활 환경(가난, 불안정, 학대)에서 성장함
- 완벽주의
- 높은 기준
- 감정적으로 민감함(감정을 강하게 느끼고 예민함)
- 불확실성에 대한 인내력이 부족함
- 높은 성실성 수준

- 신경증
- 위험 회피
- 실패에 대한 두려움
- 기타:
- 기타:

모든 특성이 다 부정적인 것은 아님을 알 수 있다. 높은 기준과 완벽주의는 일을 뛰어나게 할 수 있도록 동기를 부여할 수 있다. 감정적으로 민감한 사람들은 종종 사려 깊고 공감 능력이 뛰어나다. 성실성은 주어진 일에 대한 책임을 다하며, 철저하고 신중하게 처리하는 것을 의미한다. 불안을 변화시키는 것은 이 특성을 완전히 포기하는 것이 아니다. 대신 이러한 특성들은 스트레스가 심한 특정 상황에서 문제가 되는 불안을 유발할 수 있다. 우리는 스트레스에 대처하는 다양한 사고와 행동 방식을 배워서 이러한 요인들이 불안을 야기하는 정도를 줄이고자 한다.

문제가 되는 불안을 만들어 낼 수 있는, 공식의 두 번째 부분에는 스트레스가 있다. 여기서는 스트레스를 일상 상태를 방해하는 것으로 광범위하게 정의한다. 스트레스는 급성적일 수도 있고(예: 마감 시한이나 갑작스러운 구매) 만성적일 수도 있다(예: 높은 요구 사항이 있는 직장이나 지속적인 재정 문제). 스트레스는 예측 가능하거나(예: 곧 있을 의사와의 진료 약속) 예상치 못한 것(예: 갑작스럽게 사랑하는 사람의 암 진단을 알게 되는 경우)일 수 있다. 스트레스는 긍정적인 사건(예: 결혼이나 새로운 학교 프로그램의 시작) 또는 부정적인 사건(예: 이혼이나 학교에서의 낙제)과 관련될 수도 있다. 대개 스트레스가 더 강하게 느껴질 때 불안은 증가한다. 예를 들어, 소피아는 과거에 건강 문제를 겪었다. 현재는 문제가 없지만, 과거에는 그 문제들을 다루는 데 스트레스를 많이 받았고, 그 때문에 많은 불안을 느꼈다. 그녀는 다시 그런 일이 일어날까 봐 계속 걱정하고 있다. 엘리야의 경우, 대학원 진학이 주요한 스트레스 요인이었다. 그는 학부 과정에서 항상 잘했으나, 과제가 어렵지 않아서 미루는 버릇이 있었다. 그러나 대학원에서는 교수의 기대와 스스로에 대한 더 높은 기대가 있어, 더 높은 수준의 불안을 겪을 가능성이 크게 늘어났다.

과거와 현재의 스트레스 요인들에는 어떤 것들이 있는지 생각해 보고, 다음 빈칸에 적어 보자. 스트레스 요인은 대단하거나 파괴적일 필요는 없다는 것을 기억하자. 예를 들어, 소피아에게는 두 명의 10대 청소년 자녀가 주기적인 스트레스 요인이고, 질에게는 일이 바쁜 상태에서는 친구들과 어울리는 것만으로도 스트레스가 된다.

2) 불안에 기여하는 스트레스 요인

과거의 스트레스 요인

~~~~~~

~~~~~~

~~~~~~

현재의 스트레스 요인

~~~~~~

~~~~~~

~~~~~~

결국 불안이 왜 문제가 되었는지 이해하려면, 취약성 요인이 스트레스 요인들과 어떻게 상호작용하는지 생각해 봐야 한다. 엘리야의 경우, 교수들로부터의 높은 기대, 대학원 과제의 어려움, 그리고 예전에 과제에 대해 받은 비판이 자연스럽게 스트레스를 유발한다. 그러나 그가 지나치게 완벽주의적인 성향을 가지고 있어서 스트레스는 더욱 악화되고, 완벽한 결과물을 만드는 것에 대해 불안해하는 것보다는 피하는 것이 더 쉽기 때문에 끊임없는 지연(미루기)으로 이어진다. 앞의 취약성과 스트레스 요인 목록을 다시 살펴보고, 취약성과 스트레스 요인들이 어떻게 상호작용하는지 확인해 보자.

문제가 되는 불안을 해결하기 위해서는, 이 공식의 요소들을 바꿔야 한다고 생각할 수 있다. 그러나 취약성 요인들은 이미 당신 자신의 일부이며, 이를 완전히 바꿀 수는 없다. 또한 스트레스 요인을 줄이기 위해 노력할 수는 있지만, 일어나는 모든 것을 통제할 수는 없으며, 스트레스는 삶의 필연적인 부분이기도 하다. 게다가 스트레스를 줄이는 데 너무 집중하면, 당신이 소중히 여기는 다른 것들을 잃을 수 있다(예를 들어, 소피아는 일로 너무 스트레스 받을 것 같아서 직장으로 돌아가는 것을 피한다). 따라서 스트레스에 어떻게 대처할지를 다룰 것이다. 이를 위해 걱정이라는 개념으로 돌아가 보자.

5. 걱정에 대해 다시 생각해 보기: 걱정 vs. 문제 해결

걱정이 가능한 문제에 대한 문제적인 사고 반응이라는 것을 기억해야 한다. 이는 상황에 대해 적극적인 조치를 취하는 문제 해결과 대조된다. 걱정은 문제 해결 방법을 머릿속에서 계속 고민하게 하지만, 목표 지향적이거나 생산적이지는 않다. 고장 난 레코드 비유를 기억하는가? 걱정은 우리를 앞으로 나아가게 하지 못한다.

예를 들어, 엘리야는 과제를 하려고 할 때 교수가 자신의 과제를 어떻게 생각할지 자주 걱정한다. 그는 자신이 쓴 것에 대해 오랜 시간 동안 생각하고, 그것이 적절한지, 교수가 수업에서 한 말을 놓치진 않았을지, 그리고 과제에서 나쁜 점수를 받으면 어떻게 될지를 생각하느라 많은 시간을 보낸다. 이는 분명한 걱정의 악순환인데, 엘리야는 무슨 일이 일어날지 곱씹고 있으면서 과제를 진행하지 못하고 있기 때문이다. 이 상황에서 문제 해결이란 교수와 과제에 대해 논의할 시간을 정하거나, 동료에게 과제를 읽어 보게 하거나, 매일 30분 동안 글을 쓰는 것 등일 수 있다. 이것이 반드시 효과가 있으리란 보장은 없지만, 엘리야에게 문제를 해결할 기회를 주며, 무엇보다 이러한 행동들이 걱정의 악순환을 끊어 준다.

걱정과 문제 해결 사이의 차이를 명확히 하기 위해, 다음 표의 예시 ①과 ②를 읽어 보자. 그리고 예시 ③과 ④에 대해 걱정과 문제 해결이 어떤 모습일 수 있는지 파악하고 빈칸에 적어 보자. 그런 다음, ⑤번과 ⑥번 칸에 걱정을 유발하는 상황을 채우고, 그 상황에서 어떤 걱정과 문제 해결 방법을 사용할 수 있는지 생각해 보자.

상황 ③과 ④에 대해 여러 가지 합리적인 방법을 생각해 볼 수 있지만, 만약 생각하기 어렵다면 다음을 참고해 보자. 상황 ③에서 질의 걱정은 친구를 실망시키거나 상사를 화나게 할까 봐 많은 시간 생각하는 것일 수 있는 반면, 문제 해결은 보고서 기한을 하루 연장해 달라고 요청하거나, 상사에게 내일 이메일로 회신하겠다고 알리거나, 친구에게 30분 늦게 만나자고 물어보는 것일 수 있다. 상황 ④의 경우, 걱정은 내가 무언가 잘못해서 친구관계를 망친 것은 아닌지 끊임없이 고민하는 것일 수 있지만, 문제 해결은 친구에게 기분이 나빴는지 묻고 사과할 준비를 하는 것처럼 간단할 수도 있다.

상황	걱정	문제 해결
① 엘리야는 잠에 들려고 하지만, 재정 상황에 대한 생각이 계속 떠오른다.	빚을 상환하는 데 얼마나 시간이 오래 걸릴지에 대해 반복적으로 생각한다.	청구서를 살펴보고 재정계획을 세우는 시간을 정한다.
② 소피아는 정신없는 하루를 보내고 있고, 손님들을 위해 약속한 저녁식사를 준비할 시간이 없을 것 같다.	손님들이 얼마나 실망할 것인지 생각하고, 이로 인해 저녁 시간을 망칠 것이라고 생각한다.	손님들에게 변동사항을 알리고 이를 만회하기 위해 디저트를 준비한다.
③ 질은 당일 마감시간까지 제출해야 하는 보고서가 있고, 상사로부터 받은 여러 이메일에 아직 회신하지 못했으며, 친구와 만나기 위해 오후 6시에 퇴근하려고 한다.		
④ 친구를 불쾌하게 할 수 있는 말을 했을지도 모른다. 왜냐하면 친구는 내가 그 말을 한 직후에 파티를 떠났고, 2주 동안 연락이 오지 않았기 때문이다.		
⑤		
⑥		

물론 문제에서 벗어났을 때 해결책을 생각하기가 더 쉽고, 극심한 불안을 느낄 때는 문제를 해결하기 더 어렵다. 이 연습의 주요 목적은 당신의 문제 해결 능력을 시험하는 것이 아니라, 걱정과 문제 해결 사이의 차이를 명확히 하는 것이다. 이 둘을 구분할 수 있다면, 당신은 걱정하고 있을 때 훨씬 더 쉽게 인식할 수 있을 것이다. 걱정을 알아차리는 것은 걱정을 변화시킬 수 있는 첫걸음이기 때문에, 이 능력을 향상시키는 것이 중요하다.

6. 자가 모니터링

앞서 언급했듯이, 걱정하고 있을 때 스스로를 관찰할 수 있는 것은 불안을 줄이는 데 중요하다. 따라서 다음 한 주 동안 불안에 대해 자가 모니터링을 해 보자. "이미 불안하다는 것을 알고 있는데, 왜 기록을 해야 하지?"라고 생각할 수 있지만, 이는 여러 가지 이유로 도움이 된다.

첫째, 자신이 언제 걱정하는지, 무엇에 대해 걱정하는지, 주요 유발요인은 무엇인지, 얼마나 자주 걱정하는지에 대해 더 인식하게 될 것이다. 흔히 사람들은 자신이 생각보다 훨씬 더 많이 걱정한다는 것을 깨닫는다.

둘째, 불안을 실시간으로 추적하는 것은 실제로 걱정을 중단하는 데 도움이 된다. 불안을 관찰하고, 모니터링하고, 이해하는 것은 문제 해결을 위한 첫걸음이다.

셋째, 불안을 모니터링하면 이 워크북을 진행하면서 진전 상황을 파악하는 데 도움이 된다.

1) 불안 강도 평가하기

자가 모니터링의 일환으로, 주관적 불편감 척도(Subjective Units of Distress Scale)인 SUDS를 사용하여 불안의 강도를 평가한다. SUDS는 0에서 100까지의 점수로 평가되며, 평가를 도와줄 기준점들이 포함되어 있다. 이 책 전반에 걸쳐 SUDS 평가를 참조하며, 불안을 모니터링하는 데 도움이 되도록 여러 연습에서 SUDS를 기록할 것이다.

[그림 1-1] **주관적 불편감 척도(SUDS)**

아래에 이번 주 사용할 자가 모니터링 양식(self-monitoring form)과 작성 방법이 자세히 제시되어 있다.

자가 모니터링 양식			
직장·학교	걱정되는 생각	걱정에 소요된 시간	주관적 불편감 SUDS(0-100)

복습하기: 키포인트	• 불안은 우리에게 위험의 가능성을 알려 주는 보편적인 감정이지만, 기능에 방해를 주거나 과도한 고통을 유발할 때 문제가 된다. • 문제가 되는 불안은 취약성 요인(유전, 양육 방식, 성격 특성)과 스트레스의 조합으로 발생한다. • 범불안장애는 통제할 수 없는 과도한 걱정과 신체적 긴장(근육 긴장, 주의집중의 어려움, 성마름, 불면증, 피로)의 두 가지 주요 요소로 구성되어 있다. • 걱정은 잠재적인 문제에 대한 비생산적인 사고 반응이며, 불안을 악화시킨다. 문제 해결은 걱정에 대한 적응적 대안으로써, 해결책을 향해 적극적인 조치를 취하는 것이다.
집에서 연습하기	• 자가 모니터링: 위의 모니터링 양식을 완성하여, 하루에 하나 이상의 걱정 사고를 기록해 보자. 하루 중에 생각이 떠오를 때 작성할 수도 있고, 하루가 끝날 때 성찰하여 작성할 수도 있다. 양식이 없으면, 휴대폰이나 다른 곳에 걱정을 기록하고, 나중에 양식에 기록한다. 어떻게 진행하든, 가장 중요한 것은 지속적으로, 바로 그 순간에 자가 모니터링을 하는 것이다.

섹션 3 어떻게 불안 발작이 나타나는가

엘리야는 화요일에 제출해야 하는 학기 말 과제를 작성하기 위해 일요일 저녁에서야 자리에 앉았다. 그는 아침 일찍 작업을 시작할 생각이었지만, 이미 하루가 다 지나갔다. 그는 어젯밤 늦게까지 잠들지 못했기 때문에 잠을 더 청했고, 그 후에 여자친구와 여유롭게 브런치를 즐겼으며, 집안 청소를 하고, 밀린 빨래와 장보기까지 마쳤다. 심지어 작업 공간을 깨끗하게 하기 위해 책상을 정리하는 데 한 시간을 보냈다. 하루 종일 머릿속으로는 과제를 해야 한다는 것을 알고 있었지만, 다른 것들을 하면서 과제를 미루는 것을 정당화했다. 게다가 그는 과제하는 것을 생각할 때마다 배가 아픈 느낌이 들어서, 주의를 분산시킬 다른 "생산적인"일을 찾으려고 했다. 그가 그날 밤 8시에 컴퓨터를 켜서 빈 페이지를 바라볼 때, 배가 아픈 느낌은 여전했다. 이제는 더 나빠졌다. 그는 다음 날 반나절 동안 써야 할 양을 생각하고, 이 수업에서 마지막 두 번의 과제를 늦게 내서 C를 받았다는 것을 생각했다. 그리고 다시 C를 받으면 학교 프로그램에서 퇴출될 위험이 있다는 것을 깨달았다. 그는 몇 문장을 써 보려고 했지만, 오래 가지 못했다. 배가 아픈 느낌과 머릿속을 휘젓는 불안한 생각들로 집중하기가 어려워졌고, 초조해지고 불안해지기 시작했다. 그는 인터넷을 켜고 소셜 미디어를 둘러보았다. 한 시간 뒤 과제화면으로 돌아갔을 때, 자신이 세 문장밖에 쓰지 못한 것을 보았다…

1. 불안의 순환

지난 섹션에서 우리는 지나친 걱정과 신체적 긴장이 어떻게 불안을 정상적이고 필요한 경험에서 문제를 일으키는 상태로 바꾸는지를 살펴보았다. 이번 섹션에서는 불안이 우리를 어떻게 지배하여 목표를 방해하는지 논의할 것이다. 불안은 어떻게 엘리야로 하여금 과제에서 불과 몇 문장밖에 쓰지 못하게 한 것인지, 불안의 순환을 끊어 내는 것이 왜 어려운지를 알아보겠다. 사람들은 종종 불안에 대해 무력해지는 것 같은 기분이 든다. 무엇이 불안에 그런 힘을 주는 것일까?

이 질문에 답하기 위해서는 먼저 불안을 여러 요소로 분해해야 한다. 불안의 세 가지 구성 요소는 인지, 신체, 행동이다. 이러한 요소들이 어떻게 상호작용하는지 알게 되면 이해가 더 쉬워지고, 개입할 수 있는 방법을 명확히 이해할 수 있다. 이 섹션을 끝까지 읽으면 불안이 무엇이며, 어떻게 방해하는지 더 잘 이해할 수 있고, 불안을 피해 나아가는 방법도 더 명확해질 것이다.

1) 불안의 인지적 요소

불안의 인지적 요소는 우리 머릿속에서 일어나는 것, 즉 불안한 생각들이다. 우리는 이미 걱정을 논의하면서 인지적 요소를 다루었는데, 걱정은 많은 불안한 생각들을 만들어 낸다(걱정이 모두 머릿속에서 일어난다는 것을 기억하자). 불안할 때 드는 생각은 흔히 무언가가 잘못될 수 있다는 것이거나("늦게 도착할 것 같아!"), 무언가 잘못되었다면 그게 미래에 어떤 의미를 가질지에 대한 것이다("상사가 나한테 화가 났다. 해고당할 것 같아!"). 사람들은 때때로 불안할 때 어떤 생각을 하는지 파악하는 것을 어려워하는데, 불안의 신체적 감각으로 지배될 때 특히 그렇다. 이렇게 생각해 보자. 만약 나의 불안이 말을 할 수 있다면, 뭐라고 말할까? 무엇이 일어날까 봐 걱정하고 있을까? 불안한 생각들은 종종 "만약 ……라면?" 또는 "만약 ……이 일어나면, ……"과 같은 양상으로 나타난다.

아래에는 엘리야가 과제를 하려고 할 때 겪을 수 있는 불안한 생각들의 몇 가지 예시가 있다. 불안의 인지적 요소를 파악하는 데 익숙해지기 위해 몇 가지 더 생각해 보자. 창의적으로 생각해도 되고, 혹은 자신이 그 상황에 있을 때 어떤 생각을 하고 있을지 상상해도 된다.

- 이번에도 나쁜 성적을 받게 될 거야.
- 너무 불안해서 집중을 못 하겠어.
- _____
- _____
- _____

엘리야의 머릿속을 스쳐간 또 다른 생각들로는 "이 수업에서 낙제를 당하고 학교를 쫓겨날 거야." 또는 "제시간 내에 완성할 방법이 전혀 없어"와 같은 것들이 있다. 불안한 생각들은 종종 극단적인 경향이 있음을 알아 두자. 예를 들어, 엘리야가 제시간에 과제를 완성할 수 없다는 것은 사실이 아닐 가능성이 크다. 그러나 그런 생각이 떠오르면 엘리야가 왜 그렇게 불안해하는지 이해가 간다. 이후 제3장에서 '생각의 덫(thinking traps)'이라 불리는 다양한 사고 패턴을 배우고, 이것이 불안에 어떻게 기여하는지에 대해 배우게 될 것이다.

지금은 아래에 나열된 불안한 생각들을 살펴보고, 자주 떠오르는 생각이 있다면 체크하고, 생각나는 다른 것들을 추가해 보자.

□ 친구가 문자에 답장하지 않는다. 아마 나한테 화가 났나 보다.

□ 분명 나는 심각한 병에 걸렸을 것이다.

□ 이 일을 완벽하게 하지 못하면, 상사가 나를 무시할 것이고, 직장을 잃을 수도 있다.

□ (내가 아끼는 사람)이 늦는다. 무언가 끔찍한 일이 일어났을 것이다.

□ 만약 중요한 것을 잊어버렸으면 어쩌지? 모든 것이 망가질 거야!

□ 지금 너무 불안해서 아무것도 할 수 없다.

□ 내가 이 일을 엉망으로 할 가능성이 크다.

□ 무슨 일이 일어날지 모르니, 모든 것에 대비해야 한다.

□ _____

□ _____

□ _____

□ _____

2) 불안의 신체적 요소

불안의 신체적 요소는 우리 몸에서 일어나는 것들이다. 불안은 우리에게 잠재적인 위협을 알려주는 것이 목적임을 기억해야 한다. 우리 뇌가 사용하는 방법 중 하나는 몸의 느낌을 바꾸는 것이다. 예를 들어, 생명이 위협받는 상황에 처했다고 가정해 보자—독사를 마주친 경우, 근육은 즉시 긴장하고, 심장은 혈류를 증가시키기 위해 **빠르게** 뛰며, 전체 신경계가 활성화되어 싸우거나 도망가는 방법으로 위협을 최소화하거나 피하도록 돕는다. 이러한 현상은 덜 극단적인 상황에서도 발생하는데, 우리 몸은 무언가 잘못될 수 있다는 사실을 알려 주기 위해 다양한 방법을 시도한다. 엘리야의 경우, 배가 아픈 느낌이 가장 눈에 띄는 신체적 감각이었으며, 초조하고 안절부절못하는 기분도 느꼈다. 불안해질 때 몸이 어떻게 느껴지는가? 불안과 관련된 신체적 감각 목록을 읽고 해당하는 것을 체크해 보자.

☐ 심장이 빠르게 뛰거나 두근거림   ☐ 근육이 따끔거리거나 떨림

☐ 땀이 남   ☐ 안절부절못함 또는 초조함

☐ 턱을 꽉 다묾   ☐ 위장 장애

☐ 구토   ☐ 몸이 흔들리거나 떨림

☐ 배가 아픈 느낌   ☐ 숨 가쁨

☐ 과열   ☐ 속이 울렁거림

☐ 가슴 통증이나 팽만감   ☐ 근육 긴장

☐ 긴장성 두통   ☐ 피로

☐ 기타: _____

☐ 기타: _____

어떤 사람들에게는 불안과 관련된 신체적 감각들은 눈에 덜 띄거나 강도가 약할 수 있다. 앞으로 몇 주 동안 불안의 신체적 징후에 더 주의를 기울여 보자. 그중 일부가 생각보다 더 자주 나타난다는 것을 깨닫게 될지도 모른다. 결국, 과민반응, 불면증, 집중력 저하와 같은 일부의 불안 관련 증상들은 불안의 신체적 요소가 축적되어 나타난다.

3) 불안의 행동적 요소

불안의 행동적 요소는 불안한 감정에 따라 하게 되는 행동을 의미한다. 행동은 일반적으로 관찰할 수 있는 행위를 의미한다(예를 들어, 엘리야가 과제를 작성하는 대신에 SNS를 검색하거나

책상을 정리하는 것). 그러나 행동은 눈에 띄지 않거나 내적인 행위를 포함할 수도 있다. 예를 들어, 엘리야는 컴퓨터 앞에 앉아서 기말과제에서 나쁜 성적을 받으면 어떻게 될지 생각할 수도 있다. 이 경우, 우리는 그 행동을 걱정이라고 말할 수 있다. 특정 상황에 대응하여 어떤 행동을 할지 설명하는 것이 걱정이라면, 걱정도 하나의 행동이라고 생각할 수 있다. 엘리야는 과제를 수행하는 방법을 시도하는 문제 해결이 아니라, 걱정을 하고 있다. 명확히 말하자면, 걱정할 때 하는 생각들("수업에서 낙제할 것이다")은 불안의 인지적 요소를 구성하지만, 걱정하는 행위 자체는 행동이다.

아래는 불안과 관련된 일반적인 행동의 목록이다. 여러분이 하고 있는 행동을 체크하고, 생각나는 다른 행동이 있다면 목록에 추가해 보자.

☐ 미루기

☐ 다른 사람에게 안심을 구하기

☐ 감정을 분출하기

☐ 과도하게 준비하거나 지나치게 찾아보기

☐ 걱정하기

☐ 계속해서 확인하기

☐ 극도로 신중하게 생각하기

☐ 주의를 분산시키기(TV, 대화, 인터넷 등)

☐ 상황을 회피하기

☐ 술을 마시거나 다른 약물을 사용하기

☐ 기타: ~~~~~~

☐ 기타: ~~~~~~

2. 회피

불안과 관련된 행동들은 대개 불안을 줄이려는 시도들이다. 불안한 기분은 불쾌하므로, 당연히 우리는 그것을 피하고 싶어 한다. 불행히도 불안을 피하려는 시도들은 종종 비효율적인데, 특히 장기적으로 그렇다. 사실 회피는 불안 문제가 지속되는 주요한 이유 중 하나이다. 먼저 회피가 무엇을 의미하는지 명확히 해 보자.

회피란 불안을 줄이기 위해 하는, 또는 하지 않는 모든 것이다.

회피의 몇몇 형태들은 매우 명확하게 이해할 수 있다. 예를 들어, 불안을 유발하는 활동, 상황, 생각들을 단순히 피하는 것이다. 그러나 알아차리기 힘든 형태의 회피도 많이 있다. 예를 들어, 질이 친구들과 함께 외출하면서 저녁 내내 업무 이메일을 확인하는 것은, 부분적인 회피로 볼 수 있다. 그녀는 친구들과 외출하는 것을 완전히 피하고 있지는 않지만, 계속 이메일을 확인하면서 자신을 덜 불안하게 만들려고 한다. 알아차리기 힘든 회피의 또 다른 형태로는 과도한 정보 수집(인터넷 검색), 목록 작성, 다른 사람에게 안심을 구하기, 무언가를 계속해서 정신적으로 반추하기 등이 있다. 이러한 행동은 불안을 줄이는 기능을 하므로, 회피로 볼 수 있다.

가끔 회피 행동이 생산적이거나 도움이 되는 것처럼 보일 때도 있지만, 실제로는 불안을 증가시키고 문제를 해결하지 못한다. 예를 들어, 과도한 준비에 대해 생각해 보자. 질은 불안해서 주말 내내 발표 자료 준비에 매진할 수 있다. 처음에 이는 그녀가 잘할 수 있게 해 주는 좋은 행동으로 보일 수도 있다. 그러나 발표 준비에 몇 시간 이상을 들이는 것이 불필요하다면, 그 행동의 목적은 일을 잘하게 하는 게 아니라, 불안을 줄이는 데 더 초점을 맞추고 있는 것이다.

걱정도 은밀한 형태의 회피 중 하나이다. 다른 형태의 회피와 마찬가지로, 걱정은 생산적인 것, 혹은 적어도 필요한 것처럼 느껴질 수 있다. 왜냐하면 잠재적인 문제를 무시하거나 주의를 분산시키지 않고, 그 문제에 집중하도록 하기 때문이다. 걱정할 때 불안을 완전히 회피할 수 있는 것은 아니지만, 무언가 나쁜 일이 발생해서 그에 대비하지 못할 가능성으로부터 스스로를 보호해 준다. 걱정이 많은 사람들에게는, 예상치 못한 부정적인 사건에 놀라는 것보다 모든 것이 잘못될 수 있음을 생각하는 게 더 안전하게 느껴진다.

이 비유를 생각해 보자. 야구 게임에서 외야수라고 상상해 보자. 어느 시점에 공이 당신 쪽으로 날아오고, 공을 잡을 준비를 한다. 준비를 하기 위해서는 적절한 자세를 취하고, 글러브를 준비하며, 공이 언제 오는지 알 수 있도록 투수와 타자를 주시해야 한다. 이것은 공이 언제 날아올지 전혀 준비하지 않아서 심각한 부정적인 결과를 겪는 상황보다는 확실히 더 낫다. 그러나 만성적으로 걱정을 하는 것은 경기가 없는 날에도 항상 '준비 자세'를 취하는 것과 같다. 이것은 있을 수 있는 모든 재앙에 대비하도록 도와주지만, 항상 긴장하고 불안해하는 대가를 치러야 한다. 이와 같이, 걱정은 불안을 줄이려는 시도(즉, 회피)로 나타나지만, 결국 지속적이고 만성적으로 불안을 악화시키는 역효과를 낳는다.

1) 회피의 단기적 vs. 장기적 결과

회피 행동은 습관적이고 변화시키기 어려울 수 있다. 회피의 즉각적이고 단기적인 결과가 매우 보상적이기 때문이다. 즉, 어렵거나 불안을 유발하는 것을 피할 때 우리는 기분이 더 나아진다. 예를 들어, 엘리야가 과제 대신 빨래를 하기로 했을 때, 학교와 관련된 스트레스를 더 이상 생각하지 않게 되어, 즉각적으로 안도감을 느꼈다. 또는 소피아가 자녀에게 문자를 보내서 괜찮은지 확인하고 자녀들이 응답하면, 모든 것이 괜찮다는 것을 알게 되어, 마침내 평온하고 안심하게 된다. 회피 행동을 통해 불안이 줄어들 때 느끼는 안도감은 상당히 강력하며, 꽤 강력한 습관을 만들 수 있다.

회피의 주요 문제는 장기적으로 상당히 부정적인 결과를 초래할 수 있다는 것이다. 먼저 회피는 당신이 중요하게 생각하는 것들을 하지 못하게 한다. 엘리야의 회피는 학교 공부에 충분한 시간을 투자하지 못하게 한다. 질의 회피는 다른 사람들과 양질의 시간을 보내는 것을 방해한다. 소피아의 회피는 취업 준비를 방해한다. 이러한 방식으로, 회피의 단기적인 보상은 장기적인 목표를 이루는 데 방해가 된다.

회피의 두 번째 문제는 역설적으로 나중에 불안을 증가시킨다는 점이다. 하루 종일 미루는 것은 결국 엘리야가 일을 다시 시작했을 때 불안을 증가시켰다. 질이 사회적 상황을 회피하면 친구들이 그녀에게 화가 났을까 불안하게 만들고, 나중에 결혼 파트너를 찾을 수 있을지 불안하게 한다. 소피아가 자녀에게 과도한 문자를 보내면 그녀는 자녀가 안전한지 더 많이 걱정하게 되며, 만약 다른 중요한 일에 시간과 에너지를 투자하는 대신 자녀들의 안전을 지속적으로 걱정하면 불안이 또 늘어날 수 있다.

마지막으로, 아마도 가장 중요한 것은, 회피를 하게 되면 회피 행동을 하지 않을 경우 무슨 일이 일어날지 배우지 못한다는 사실이다. 회피 행동을 할 때마다, 당신은 나쁜 일이 일어나지 않고 불안을 느끼지 않으려면 회피를 해야 한다고 당신의 몸과 뇌에 가르치는 것이다. 회피 때문에 걱정이 비현실적일 수 있다는 것, 실제로 일어날 일에 대처할 수 있다는 것을 배울 기회를 갖지 못하게 된다. 다음 이야기를 생각해 보자.

> 찰리와 프레드가 보스턴의 거리를 같이 걷고 있습니다. 매 블록의 끝마다 찰리는 가장 가까운 건물로 가서 벽에 머리를 부딪힙니다. 프레드는 당혹스러워하다가 결국 "찰리야, 대체 왜 계속 벽에 머리를 부딪혀? 정말로 아플 텐데 말야!"라고 물어 보았습니다. 찰리는 "물론 이게 아프긴 한데 코끼리를 쫓아낼 수 있어."라고 대답했습니다. 프레드가 "하지만 보스턴에는 코끼리가 없잖아."라고 말합니다. 찰리가 대답했습니다. "봤지? 효과가 있잖아!"

찰리는 자신이 하는 행동(머리를 벽에 부딪히는 것)이 나쁜 결과(코끼리가 보스턴에 오는 것)를 막고 있다고 확신하지만, 그렇게 하지 않을 때 어떤 일이 일어날지 확인하지 못하며, 그런 우려가 애초에 완전히 비현실적이라는 것도 깨닫지 못하고 있다. 그리고 그 과정에서 그는 실제로 스스로를 다치게 하고 있다. 회피 행동도 같은 방식으로 작동한다. 문제가 되는 불안을 가진 사람들의 걱정은 종종 현실적이지 않으므로, 걱정이나 다른 방법으로 회피하는 데 시간을 보내는 것은 해롭다. 이를 깨닫고 행동을 바꾸는 것은 어려울 수 있지만, 다르게 행동할 경우 어떤 일이 일어날지 진정으로 확인해 볼 기회를 스스로에게 줘야 한다. 회피를 명확하게 다루는 방법은 제5장과 제6장에서 더 많이 다룰 것이다. 지금은 회피가 불안의 순환에 기여하는 방식을 아는 것이 중요하다. 이번 주에는 계속해서 자가 모니터링을 하면서 당신의 회피 행동을 주시하고, 장기적으로 불안에 어떻게 영향을 미치는지 확인해 보자.

3. 불안의 구성 요소들이 어떻게 상호작용하는가

이제 불안의 세 가지 요소로 돌아가서 서로 어떤 영향을 미치는지 요약해 보자. 인지적, 신체적, 행동적 요소가 상호작용하여 불안의 악순환을 만든다는 것을 아는 게 중요하다. 먼저, [그림

1–2]에서 엘리야의 상황을 살펴보자.

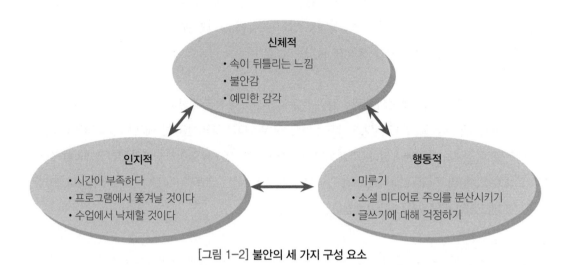

[그림 1–2] **불안의 세 가지 구성 요소**

세 개의 원 사이에 이중 방향 화살표가 있는 것에 주목해 보자. 즉, 각 요소들이 서로 영향을 미친다는 의미이다. 신체적 요소를 살펴보면, 엘리야는 과제에 대해 생각할 때 배가 아픈 느낌이 들었다. 이로 인해 하루 중 상당 시간을 미루는 데(회피 행동) 시간을 보냈다. 이렇듯 불안의 신체적 요소는 행동적 요소에 영향을 미쳤다. 하루 종일 미룬 뒤 엘리야는 과제 화면으로 돌아갔고, 배가 아픈 느낌은 더 심해졌다. 그의 행동이 신체적 감각에 또 다시 영향을 미쳤다. 또한 미루기는 '시간이 부족하다'라는 첫 번째 불안한 생각으로 이어졌다. 행동적 요소도 불안의 인지적 요소에 영향을 미쳤다. 시간이 부족하다는 생각이 신체 감각의 강도를 증가시켰고(인지적 요소에서 신체적 요소로), 과제를 잘하지 못하면 무슨 일이 일어날지에 대해 걱정하는 데(걱정은 행동이다) 시간을 보내게 만들었다(인지적 요소에서 행동적 요소로). 마지막으로, 우리는 신체적 요소가 인지적 요소에 어떻게 영향을 미쳤는지 살펴볼 수 있다. 배가 아픈 느낌은 "이건 나쁜 일이야"라는 메시지를 뇌로 다시 보냈고, 이로 인해 불안한 생각의 강도가 증폭되었다.

당신은 불안의 요소들이 얼마나 밀접하게 연결되어 있는지, 그리고 일단 불안이 시작되면 불안의 순환을 멈추는 것이 상당히 어렵다는 것을 알 수 있다. 좋은 소식은 불안의 요소들 사이의 상호 영향이 반대 방향으로도 작용할 수 있다는 것이다. 불안을 줄이기 위해 세 가지 요소를 모두 한 번에 다룰 필요는 없다. 예를 들어, 불안할 때 신체 감각의 강도를 줄일 수 있다면, 걱정하는 생각과 불안이 유발하는 행동을 하려는 충동을 약간 약해지게 만들 수 있다. 이는 또한 불안을 줄이는 데 명확한 세 가지 표적이 있다는 것을 의미한다. 이 책의 나머지 부분에서는 불안의 각 요소를 다루는 기술을 배우게 된다.

복습하기: 키포인트	• 불안은 세 가지 요소로 이루어져 있다: 인지적 요소(생각), 신체적 요소(몸에서 느끼는 것), 행동적 요소(불안에 대응하여 하는 행동). • 불안은 종종 회피 행동으로 이어진다. 이는 불안을 줄이기 위해 하는, 또는 하지 않는 모든 것을 의미한다. 과도한 준비, 안심을 구하는 것, 걱정 등과 같은 일부 행동은 생산적으로 느껴질 수 있지만, 실제로 문제를 해결하는 것이 아니라 불안을 줄이기 위해 수행되면 회피로 간주된다. • 회피 행동은 종종 단기적으로 안도감을 가져오지만, 장기적으로는 목표 달성을 방해하고, 불안을 증가시키며, 걱정이 비현실적일 수 있다는 것을 배우지 못하게 한다. • 불안의 세 가지 요소는 서로 영향을 미치며, 불안의 순환을 만들어 낸다. 당신은 불안의 각 요소를 표적으로 하는 기술을 배울 것이다. 하나의 요소만을 작업해도 불안이 완화되기 시작할 것이다.
집에서 연습하기	• **자가 모니터링**: 계속하여 자가 모니터링을 하되, 이번 주에는 불안의 다양한 측면을 관찰해 보자. 불안 반응에 연관된 생각, 신체 감각, 행동을 확인하고 각 요소가 다른 것에 어떻게 영향을 미쳤는지 살펴보자. 매일 하루에 적어도 한 가지 상황을 작성해 본다.

불안의 세 가지 요소 모니터링하기					
일시	상황	인지적(생각)	신체적(감각)	행동적(행동)	주관적 불편감 SUDS(0-100)
8월 31일 08 : 00	[소피아] 이전에 약속을 취소한 후 친구와 만나기로 함.	친구는 나에게 화를 많이 낼 것이다. 아마 내가 우정을 망쳤을 것이다.	심박수가 증가하고, 손바닥에서 땀이 나고, 울렁거림.	친구에게 화가 났는지 밤새 여러 번 물어봄.	80

마음챙김 이완

질은 직장에서 힘든 한 주를 보냈고, 다음 주에도 막바지 회의, 보고서, 또 다른 프레젠테이션 등 많은 어려움이 있을 것이다. 주말 동안에는 이런 생각을 하지 않아도 되는데도, "불안하고 초조한 마음"을 달래기가 어렵다. 그녀는 종종 현재 순간을 편안하게 보내기보다는 다음 주에 해야 할 업무 생각에 사로잡힌다. 질의 걱정은 걷잡을 수 없이 소용돌이칠 뿐만 아니라, 신체적으로도 불안을 느낀다. 그녀의 목과 어깨는 항상 근육이 긴장되어 있다. 또한 걱정을 할 때마다, 앞뒤로 서성거리거나 자리에서 안절부절못하곤 한다. 그녀는 자신이 얼마나 안절부절못하는지도 모른다. 질은 친구들과 함께 브런치를 먹거나 미뤄 왔던 독서 모임의 소설책을 마무리하는 것 같이 자기가 좋아하는 일에 집중하며 주말을 보내고 싶어 한다. 하지만 주중 업무에 대한 불안으로 너무 긴장되고 주의가 흐트러져서, 정말로 하고 싶었던 재미있는 일을 할 수 없을 것 같다. 지금 이 순간이 아닌 불안 속에서 온종일 시간을 보내다 보니, 마치 모든 것이 자신의 통제에서 벗어난 것처럼 느껴진다.

1. 이완하는 방법 배우기: 점진적 근육 이완법

질의 경험이 친숙하게 들리는가? 1장에서 언급했듯이, 불안과 관련된 가장 흔한 증상 중 일부는 신체적인 증상이다. 불안과 걱정으로 고통받는 사람들은 흔히 몸 전체에 걸쳐 긴장과 근육 경직을 겪는다. 질의 경우, 과도한 긴장감이 주말에 휴식을 취하며 즐기지 못하게 만들었다. 또한 계속해서 불안하고 초조해하면서 현재의 순간과 지금 일어나는 일들에 집중하는 게 매우 어려워진다. 이는 걷잡을 수 없는 불안으로 이어지고, 실제로 하고 싶은 일에 방해가 될 수 있다.

지금까지 불안에는 세 가지 요소, 즉 생각, 신체 감각 및 행동이 있다는 것을 배웠다. 불안의 악순환을 끊기 위해서는 각 요소에 대처하는 전략을 배우는 것이 중요하다. 첫 번째로 배울 기술은 근육 긴장과 같이 불안과 관련된 신체 감각을 대상으로 한다. 엄밀히 말하면, 점진적 근육 이완법에 대해 배울 것이다. 점진적 근육 이완법은 20세기 초까지 거슬러 올라가는 오랜 역사를 가지고 있으며, 스트레스와 긴장을 다루는 데 가장 권장되는 기술이다. 점진적 근육 이완법은 2단계 과정을 통해 신체적 이완에 도달하는 심층 이완 기법이다. 1단계에서는 짧은 시간 동안 근육을 긴장시키고, 2단계에서는 더 긴 시간 동안 긴장된 근육을 이완시킨다.

이처럼 점진적 근육 이완법은 단순한 방법이며, 전신에 걸친 다양한 근육군에 사용할 수 있다. 점진적 근육 이완법의 궁극적인 목표는 전신을 한 번에 이완하는 방법을 배우는 것이다. 하지만 이 목표에 도달하기 전에 각 단계에 대한 지침을 익히는 것이 중요하다.

1) 점진적 근육 이완법: 기초

우선, 두 가지 유형의 긴장을 구분하는 것이 중요하다. 첫 번째 유형은 능동적 긴장(active tensing)이다. 이는 특정 근육군을 다치지 않는 선에서 최대한 강하게 의도적으로 긴장시킬 때 나타난다. 보통 점진적 근육 이완법은 근육의 각 부위를 능동적으로 긴장시키는 것으로 시작한다. 연습을 통해 여러 근육군에 동시에 적용하고, 궁극적으로 전신에 사용할 수 있다. 일반적으로 능동적 긴장은 점진적 근육 이완법을 연습할 때 사용하는 표준적인 긴장 유형으로, 흔히 더 깊은 이완을 유도한다.

두 번째 유형은 수동적 긴장(passive tensing)이다. 능동적 긴장과 달리, 수동적 긴장은 특정 근육군에 이미 존재하는 긴장을 단지 알아차리는 것을 뜻한다. 즉, 의도적으로 긴장감을 만드는 것이 아니다. 일반적으로 능동적 긴장이 더 큰 이완을 유도하기 때문에 선호되는 경우가 많지만, 수동적 긴장을 사용해야 하는 상황도 있을 수 있다. 특히 부상을 입거나 통증이 있는 근육이나 몸의 특정 부위에 대해서는 수동적 긴장이 권장된다. 이때 신체의 어떠한 부위에도 추가적인 손상을 입히지 않는 것이 중요하기 때문에, 수동적 긴장을 고려할 수 있다. 수동적 긴장을 사용하여 이미 존재하는 긴장감을 알아차린 후, 이완 단계에 더 많은 노력을 기울일 수 있다.

이완 단계에 대한 나만의 접근 방식을 생각해 보는 것이 중요하다. 일반적으로, 깊은 이완을 유도하는 언어적 문구나 주문(mantra)을 사용하는 것이 좋다. 무거움, 나른함, 평온함과 같은 개념이 포함될 수 있다. 당신에게 도움이 된다면 무엇이든 자유롭게 사용해 보자. 이완에 집중할 수 있는 몇 가지 문구의 예시를 다음에 소개한다.

2) 이완에 도움이 되는 문구

- 이완됩니다…….
- 차분해집니다…….
- 근육이 무겁게 느껴집니다…….
- 근육이 납덩이처럼 느껴집니다…….
- 긴장이 풀리는 것을 알아차립니다…….
- 차분해지고 편안해지는 자신을 알아차립니다…….
- 이완이 점점 깊어지는 것을 느낍니다…….
- 긴장과 이완의 차이를 알아차립니다…….

여기 아래에, 당신이 사용하고 싶은 문구를 적어 보자. 연습을 설명하기 위해 "편안하다"라는 단어를 사용하겠지만, 이를 원하는 문구로 얼마든지 변경할 수 있다.

이완 단계는 항상 긴장 단계보다 오래 지속된다는 점을 명심해야 한다. 상대적으로 짧은 시간 동안 근육을 긴장시킨 다음, 깊은 이완 상태에 들어갈 수 있도록 더 긴 시간을 할애해야 한다. 다음 근육군으로 넘어가기 위해 이완 단계를 빠르게 지나치고 싶은 유혹에 넘어가지 말아야 한다! 그렇게 하면 점진적 근육 이완법의 진정한 효과를 제대로 누릴 수 없다. 이 연습에서는 인내심을 갖는 것이 중요하다. 한 근육군에서 다른 근육군으로 너무 빨리 이동하면, 더 큰 스트레스를 받게 될지도 모른다! 그러니 충분한 시간을 가지고, 깊은 이완을 경험해야 한다. 서두를 필요가 없다.

이번 2장에서는 두 가지 점진적 근육 이완법을 배우게 된다. 먼저, 12개의 근육군으로 구성된 점진적 근육 이완법부터 시작한다. 일단 이것을 배우고 편안하게 느낄 때까지 연습한 후, 일부 근육군을 결합하여 점진적 근육 이완법 구성을 8개 부위로 줄일 것이다. 최종적으로는 단 한 번의 단계로 이완하는 것이 목표가 될 것이다.

점진적 근육 이완법 연습을 위해, 편안한 의자나 침대가 있는 조용한 공간을 선택한다. 자세를 잡을 때는 바른 자세로 앉고, 팔과 다리를 움직일 수 있는 충분한 공간이 앞에 있는지 확인한다. 처음에는 주의를 산만하게 하지 않는 장소를 선택해야 한다. 헐렁한 옷을 입고 안경이나 콘택트렌즈는 착용하지 않도록 한다. 이 연습은 약 20분에서 30분 정도 소요되므로, 하루 중 이 연습을 하기 위한 시간을 마련한다.

3) 12개 근육군으로 구성된 점진적 근육 이완법

이제 시작할 준비가 되었다! 연습하는 동안 ("편안하다" 같은) 당신만의 이완 문구를 머릿속에 떠올리고, 다친 근육이나 신체 부위에는 능동적 긴장을 사용하지 않도록 주의한다. 다친 근육군은 건너뛰거나 수동적 긴장으로 대체해서 사용하는 게 좋다.

① 눈을 감고 편안한 자세를 취합니다. 조용히 앉아 복부로 깊이 숨을 들이쉬세요.

② 주먹을 쥐고 손목을 어깨에 거의 닿을 정도로 끌어올려 아래 팔에 긴장감을 줍니다. 그 긴장감에 집중하세요(10초). 이제 아래팔과 손의 긴장을 풀어 줍니다. 손바닥을 아래로 향하게 하고 팔을 이완시켜 주세요. 긴장이 풀리는 느낌에 집중하며 근육을 이완시킵니다(50초). 계속해서 깊게 숨을 들이마시고 내뱉는 숨에 "편안하다"라는 단어를 떠올립니다.

③ 몸을 앞으로 숙인 뒤, 양쪽 팔꿈치가 등 뒤로 닿듯이 팔을 몸통 뒤쪽으로 끌어당겨 위팔에 긴장감을 줍니다. 그 긴장감에 집중하세요(10초). 이제 모든 긴장이 사라지도록 팔을 풀고 이완합니다(50초). 긴장과 이완의 차이를 느껴 보세요. 조용히 앉아, "편안하다"라는 단어를 떠올립니다.

④ 양발을 위로 올리고 마치 발끝이 무릎에 닿듯이 발끝을 상체 쪽으로 당겨 다리 아래쪽에 긴장감을 줍니다. 발, 발목, 정강이, 종아리의 긴장을 느껴 보세요. 그 긴장감에 집중합니다(10초). 이제 긴장을 풀고 긴장과 이완 사이의 차이를 느껴 보세요(50초). 조용히 앉아, 복부에서 숨을 내쉴 때마다 "편안하다"라는 단어를 떠올립니다.

⑤ 무릎을 모으고 다리를 의자에서 들어 올려 다리 위쪽에 긴장감을 줍니다. 다리 위쪽의 긴장감에 집중하세요(10초). 이제 다리의 긴장을 풀고 긴장과 이완의 차이를 느껴 봅니다. 이완되는 느낌에 집중하세요(50초). 계속해서 조용히 앉아, 깊게 심호흡하며 "편안하다"라는 단어를 떠올립니다.

⑥ 복부를 척추 쪽으로 힘껏 당겨서 복부에 긴장감을 줍니다. 긴장감과 단단함을 느끼며, 그 부위에 집중하세요(10초). 이제 복부를 바깥쪽으로 내밀며 이완합니다. 긴장이 풀어지는 편안함을 느끼며(50초), 조용히 앉아, 내쉬는 숨에 "편안하다"라는 단어를 떠올립니다.

⑦ 깊게 숨을 들이마시고 참으며 가슴 주위에 긴장감을 줍니다. 가슴과 등의 긴장감을 느껴 보세요. 그대로 숨을 참아 봅니다(10초). 이제 긴장을 풀고 숨을 천천히 내뱉으며(50초), 긴장과 이완의 차이를 느껴 보세요. 조용히 앉아, 계속해서 깊게 심호흡하며 "편안하다"라는 단어를 떠올립니다.

⑧ 양쪽 어깨를 귀 쪽으로 올려서 어깨에 긴장감을 줍니다. 어깨와 목의 긴장감에 집중하세요(10초). 이제 어깨를 축 늘어뜨리고 긴장을 풉니다. 이완되는 감각에 집중하세요(50초). 조용히 앉아, "편안하다"라는 단어를 떠올립니다.

⑨ 턱을 아래로 내리고 뒷목을 의자나 뒤쪽 벽을 향해 누르면서 목에 긴장감을 줍니다. 목 뒤쪽의 단단함에 집중하세요(10초). 이제 긴장을 풀고 이완에 집중하며(50초), 긴장과 이완의 차이를 느껴 봅니다. 조용히 앉아 내쉬는 깊은 숨에 "편안하다"라는 단어를 떠올립니다.

⑩ 이를 악물고 입꼬리를 뒤로 밀면서 입과 턱 주변에 긴장감을 줍니다. 입과 턱의 긴장을 느껴 보세요(10초). 이제 입이 벌어지도록 긴장을 풀며, 긴장과 이완의 차이에 집중합니다(50초). 조용히 앉아, "편안하다"라는 단어를 떠올립니다.

⑪ 눈을 몇 초간 꼭 감아 눈 주변에 긴장감을 만든 뒤 눈의 긴장감을 풀어 줍니다. 긴장과 이완의 차이를 느껴 보세요(50초). 조용히 앉아, 계속해서 복부로 깊게 심호흡하며 "편안하다"라는 단어를 떠올립니다.

⑫ 눈썹을 얼굴 중앙 쪽으로 끌어내리고 눈살을 찌푸리며 이마 아래쪽에 긴장감을 줍니다. 이마의 긴장에 집중합니다(10초). 이제 이마에 힘을 빼고 긴장과 이완의 차이를 느껴 보세요(50초). 숨을 내쉴 때마다 "편안하다"라는 단어를 떠올립니다.

⑬ 눈썹을 머리 위쪽으로 올리며 이마 위쪽에 긴장감을 줍니다. 이마 전체에 느껴지는 당기

는 느낌과 긴장감에 집중하세요(10초). 이제 눈썹의 긴장을 풀고 긴장과 이완의 차이에 초점을 맞춥니다. 조용히 앉아, "편안하다"라는 단어를 떠올립니다.

⑭ 당신은 완전히 이완되어 있습니다. 계속해서 눈을 감고 조용히 앉아 복부로 깊게 심호흡합니다. 하나부터 다섯까지 속으로 세며, 점점 더 이완된 상태를 느껴 보세요. 하나, 모든 긴장이 당신의 몸에서 사라집니다. 둘, 점점 더 이완이 깊어집니다. 셋, 더욱 더 이완되는 것을 느낍니다. 넷, 아주 이완된 상태를 느낍니다. 다섯, 완전히 이완된 상태를 느낍니다. 이렇게 이완된 상태에 있을 때, 모든 근육이 완전히 편안하고 스트레스가 없다는 점에 집중하세요. 이 상태로 앉아, 깊게 숨을 들이마시며, 내쉬는 깊은숨에 "편안하다"라는 단어를 떠올립니다(2분).

⑮ 이제, 다섯부터 거꾸로 세며 점점 깨어나는 것을 느껴 보세요. 다섯, 점점 정신이 명료해지는 것을 느낍니다. 넷, 이완의 상태에서 벗어남을 느낍니다. 셋, 더 깨어 있는 것을 느낍니다. 둘, 두 눈을 뜨고 있습니다. 하나, 당신은 앉아서 완전히 깨어 있고 각성되어 있다는 것을 느낍니다.

보다시피, 신체적 이완은 정신적 이완만큼이나 중요하다. 신체적 이완은 걱정스러운 생각에서 벗어나 긴장과 이완의 신체 감각으로 주의를 돌리는 연습이다.

4) 연습 후 돌아보기

점진적 근육 이완법의 첫 시도가 끝났다. 많은 사람들이 신체적 이완뿐만 아니라 정신적 이완도 느낀다. 당신도 이를 느꼈다면, 신체 감각과 마음속에 일어나는 일 사이에 얼마나 깊은 연관성이 있는지를 경험한 것이다. 아래 표를 활용하여, 점진적 근육 이완법 이전과 이후에 느낀 점을 추적해 보자!

점진적 근육 이완법 전후의 증상 강도 평정

점진적 근육 이완법 이전	강도				점진적 근육 이완법 이후	강도			
불안 증상	없음	약간	보통	심각	불안 증상	없음	약간	보통	심각
목 긴장					목 긴장				
등 위쪽 긴장					등 위쪽 긴장				
등 아래쪽 긴장					등 아래쪽 긴장				
이마 긴장					이마 긴장				
팔 긴장					팔 긴장				
다리 긴장					다리 긴장				
안절부절못함					안절부절못함				
초조함					초조함				
빠르거나 얕은 호흡					빠르거나 얕은 호흡				

연습을 하기 전 기분이 어땠나요?

~~~~~~

~~~~~~

연습을 마친 후 기분이 어떤가요?

~~~~~~

~~~~~~

5) 점진적 근육 이완법 연습하기

이제 점진적 근육 이완법을 시도해 보았으니, 이 기법을 계속해서 연습하는 것이 중요하다. 어떤 기법이라도 한 번만 사용한다면 결과가 오래 지속될 수 없다. 간혹 첫 시도만으로 점진적 근육 이완법을 잘하기는 어려울 수 있다. 만약 이 경험을 했다면, 당신은 혼자가 아니다! 점진적 근육 이완법을 습득하면서 스스로에게 인내심을 갖는 것이 좋다. 점진적 근육 이완법을 효과적으로 사용하는 데는 시간이 걸리는 경우가 많다. 처음에는 스트레스가 덜한 상황에서 점진적 근육 이완법을 연습하여 익숙해진 다음, 스트레스를 많이 받을 때에도 점진적 근육 이완법을 사용할 수 있도록 발전시켜 가는 것을 권장한다. 이 장의 후반부에서는 한 주 동안의 점진적 근육 이완법 연습에 대해 보다 구체적인 지침을 살펴볼 수 있다.

6) 8개 근육군으로 구성된 점진적 근육 이완법

일주일 동안 12개 부위를 연습하며 중간 정도의 이완 상태(0부터 100까지의 척도에서 최소 50 이상)에 도달할 수 있다면, 이제 8개 근육군에 대한 연습을 시작할 수 있다. 궁극적인 목표는 단 한 번의 단계로 이완 상태에 도달하는 것이다(전신 긴장 후 이완). 이 과정에서 집중해야 할 8가지 근육군은 ① 팔(아래팔과 위팔 모두), ② 다리(다리 아래쪽과 위쪽 모두), ③ 복부, ④ 가슴, ⑤ 어깨, ⑥ 목, ⑦ 눈, ⑧ 이마(이마 위쪽 또는 아래 중 선택 가능)이다. 긴장감을 주고 이완하는 연습을 동일하게 하면서, 긴장과 이완 사이의 차이에 집중한다. 조용히 앉아, "편안하다"라는 단어를 떠올린다.

8개 근육군에 대한 연습 스크립트를 따라 하고 싶다면, http://www.newharbinger. com/44529[1]를 방문한다. 이전과 마찬가지로 매일 8개 근육군에 대한 이완을 연습하고, 이 장 마지막에 제공되는 표에서 진행 상황을 추적하길 바란다.

---

1) 해당 사이트를 방문해 가입 후 유료로 다운받아 사용할 수 있다.

7) 심화된 점진적 근육 이완법을 위한 팁

지금까지 점진적 근육 이완법의 기초를 배웠으며, 근육의 긴장과 이완이 어떻게 깊은 신체적 이완으로 이어질 수 있는지 직접 경험했다. 지금까지는 비교적 산만하지 않은 조용한 환경에서 점진적 근육 이완법을 연습하였다. 하지만 인생이 항상 순탄하지는 않으며, 신경 쓰이는 작은 스트레스 요인이나 업무는 언제든 갑자기 발생할 수 있다. 점진적 근육 이완법을 한 단계 더 발전시키기 위해, 주의를 산만하게 하거나 스트레스가 많은 상황에서 사용해 본다. 점진적 근육 이완법을 직장에서, 지하철을 타는 동안, 북적이는 카페에서, 그 외 어디에서든지 시도할 수 있다. 한적하고 조용한 환경에서뿐만 아니라 하루 중 바쁜 시간에도 점진적 근육 이완법을 사용하는 데 능숙해지는 것이 중요하다. 이렇게 다양한 상황에서 점진적 근육 이완법을 시도하여 숙련도를 한 단계 높여 본다.

또한, 다양한 근육군을 결합하는 방법으로 점진적 근육 이완법을 발전시킬 수도 있다. 8개 근육군 연습에서 위팔과 아래팔을 동시에 긴장하고 이완할 때, 이미 이 방법을 사용했다. 긴장을 주고 이완하는 근육군을 계속 결합하다 보면, 결국 단 한 번의 단계로 전신에 점진적 근육 이완법을 사용할 수 있는 경지에 도달할 수 있다. 이 방법으로 연습하면 비교적 짧은 시간 내에 깊은 이완에 도달하는 데 도움이 된다.

2. 신체적 이완에서 마음챙김 이완으로 전환하기

지금까지 점진적 근육 이완법을 사용하여 신체적 이완을 취하는 방법에 대해 배웠다. 하지만 이완은 신체적 차원뿐 아니라 정신적 차원에서도 일어날 수 있다. 아마 신체적 이완을 통해 정신적으로도 평온함을 느낄 수 있다는 사실을 눈치챘을 것이다. 하지만 정신적 이완은 그 자체로도 매우 중요하다는 사실을 잊지 말아야 한다. 이제 마음챙김이란 무엇이며, 이 기술을 어떻게 사용할 수 있을지 살펴보자. 본질적으로 마음챙김은 현재 순간에 대해 비판단적이고 비반응적인 의식을 개발하는 것으로, 특정한 방식으로 생각에 반응하거나 평가하지 않음으로써 그 생각들로부터 중요한 거리를 두는 것을 의미한다. 더욱이 현재 순간에 주의를 집중함으로써, 미래에 대한 걱정스러운 생각이나 과거의 골치 아픈 기억에 마음이 빠져들지 않도록 하는 것이다.

마음챙김을 더 수행하기 위한 방법은 다양하다. 가장 흔한 방법 중 하나는 호흡 마음챙김이다. 호흡 마음챙김이란 비판단적이고 비반응적인 방식으로 자신의 호흡에 주의를 기울이는 것이다. 예를 들어, 호흡에 집중하고 있을 때 어떤 생각이 떠오르는 경우, 마음챙김은 그냥 그 생각을 내버려 두고 부드럽게 주의를 다시 호흡으로 돌리는 것이다. 때때로 이것은 말처럼 쉽지 않을 수 있다! 하지만 연습을 하면, 덜 판단적이고 더 평온한 마음을 만드는 데 마음챙김이 도움이 될 수 있다. 마음챙김의 핵심 요령 중 하나는 마음이 방황하는 것을 알아차렸을 때 인내심을 갖고 스스로를 관대하게 대하는 것이다. 마음이 방황하는 것은 지극히 정상적인 반응이며, 초심자일 때 더 자주 발생하는 경향이 있다. 자신을 탓하기보다는, 마음이 방황하고 있다는 사실을 그저 알아차리고 부드럽게 주의를 다시 돌려 보자.

이제, 첫 번째 마음챙김 연습을 해 보자! 앞서 언급했듯이, 마음챙김의 대상은 당신의 호흡이 될 것이다. 그저 호흡에 집중하며 현재 순간에 머무르는 것이 목표이다.

1) 호흡 마음챙김 연습하기

의자나 바닥에 방석을 깔고 바르게 앉을 수 있는 편안하고 조용한 장소를 찾는다. 의식은 깨어 있되 편안한 자세를 취한다. 이 연습은 5분 동안 진행된다. 자리에 앉은 후, 시간이 다 되면 알려 주는 타이머를 설정한다. 이후 다음 단계를 따라 한다.

① 눈을 감고 편안한 자세를 취합니다.
② 5초 동안 입으로 숨을 깊게 들이마십니다. (숨을 들이마시는 동안 입과 목, 폐에서 공기가 어떻게 느껴지는지 관찰하세요. 그것에 주의를 집중해 봅니다.)
③ 숨을 들이마신 후, 3초간 숨을 참습니다.
④ 그런 다음, 콧구멍을 통해 부드럽게 5초간 숨을 내쉬며, 내쉬는 숨에 "하나"라는 단어를 머릿속으로 세어 봅니다. (숨을 내쉬는 동안 목과 콧구멍에서 공기가 어떻게 느껴지는지 느껴 보세요.)
⑤ 이 단계를 다시 반복하며(숨을 들이마시고, 참았다가 내쉬세요), 내쉬는 숨에 다음 숫자("둘", "셋", "넷")를 머릿속으로 세어 봅니다. 5분이 지날 때까지 계속해 주세요.

첫 번째 마음챙김 연습을 완료했다면, 스스로를 칭찬해 주자! 호흡에 정신을 집중하는 것이 어려웠더라도, 스스로를 너그럽게 대하자. 비판단적이고 비반응적인 알아차림을 숙달하기 위해서는 연습이 필요하다는 사실을 기억해야 한다. 마음챙김 연습에 대한 첫 반응을 아래에 기록해 보자.

마음챙김 연습을 하기 전에는 기분이 어땠나요?

~~~~~~

~~~~~~

~~~~~~

지금 기분이 어떤가요?

~~~~~~

~~~~~~

~~~~~~

마음챙김 연습을 하고 나서 당신의 생각에는 어떤 변화가 생겼나요?

~~~~~~

~~~~~~

~~~~~~

처음에 마음챙김을 수행하기 어려웠다면, 당신만 그런 것이 아니다. 다른 감각이나 생각으로 주의가 산만해지는 것은 지극히 정상이다. 그럴 때는 다시 호흡에 주의를 집중하도록 스스로에게 친절하게 상기시켜 본다. 마음챙김을 익히기 시작할 때 인내심을 갖기를 바란다. 앞으로도 연습할 기회는 얼마든지 많을 것이다.

2) 구름 마음챙김 연습하기

지금까지 배운 것처럼, 마음챙김은 차분하고 평온한 마음을 갖는 데 도움이 될 수 있다. 마음챙김은 내면의 생각과 경험에 즉각적으로 반응하고 판단하려는 경향을 억제하는 데에도 도움이 된다. 불안을 유발하는 가장 큰 요인 중 하나는 감정과 걱정에 충동적으로 반응하는 경향이다. 종종 이러한 사고방식은 걱정과 부정적인 반응으로 사로잡힌 불안의 악순환으로 이어진다. 마음챙김은 골치 아픈 생각으로부터 거리를 두고 내면의 경험을 받아들이게 해 주는 중요한 기술이 될 수 있다.

다음 연습은 구름 마음챙김이다. 이번에도 주요 목적은 지금 이 순간을 알아차리고, 판단하지 않으며, 반응하지 않는 것이다. 하지만 이 연습에서는 호흡에 집중하는 대신 시각화 기법을 사용하여 생각을 관찰하도록 도울 것이다. 목표는 생각("내일 회의는 완전히 망할 거야"), 감정("정말 긴장되고 초조해"), 감정에 기반한 행동("내일 발표를 망치지 않기 위해 과도하게 연습을 하고 싶어")을 각각 관찰하고, 그 생각이 천천히 떠다니는 구름 위에 놓여있다고 상상하는 것이다.

의자나 바닥에 방석을 깔고 바르게 앉을 수 있는 편안하고 조용한 장소를 찾는다. 의식은 깨어있되 편안한 자세를 취한다. 이 연습은 5분 동안 진행된다. 자리에 앉은 후, 시간이 다 되면 알려 주는 타이머를 설정한다. 이후 다음 단계를 따라, 최대한 생생하게 그 장면을 시각화해 보자!

① 눈을 감고 편안한 자세를 취합니다.

② 풀밭 언덕에 앉아 드넓은 하늘을 바라보고 있다고 상상해 봅니다. 가끔씩 멀리서 뭉게구름이 나타났다가 지나갑니다. 이후 더 이상 보이지 않을 때까지 천천히 지평선 너머로 흘러갑니다.

③ 이제, 최근에 당신을 괴롭혔던 생각이나 비판을 떠올려 보세요. 그 생각을 하늘에 떠 있는 구름 중 하나라고 시각화해 봅니다. 그 생각이 마치 구름이 움직이듯 산들바람과 함께 흘러가도록 놔두세요. 그것이 멀리 흘러가 뒤에 있는 다른 구름과 합쳐지는 것을 지켜봅니다.

④ 그저 구름이 흘러가도록 내버려 두는 것임을 기억하세요. 구름을 따라가거나 다시 가져오지 않도록 합니다. 단지 풀밭 언덕 위에 머무르면서, 생각이 당신으로부터 물리적으로

멀어지는 것을 관찰합니다.

⑤ 다른 생각이나 감정에 대해서도 이 시각화 연습을 계속하세요. 부정적인 생각을 구름의 형태로 구체화하면서 자신과 그 생각 사이의 물리적 거리를 생생하게 시각화하고 느껴 봅니다.

⑥ 특정 생각이나 "구름"에 대해 판단하지 않거나 반응하지 않는 데 어려움을 겪더라도 스스로에게 인내심을 가지세요.

⑦ 마지막 생각에 대한 이 시각화를 마친 후, 천천히 깊게 숨을 들이마시고 내쉽니다. 지금 여기를 있는 그대로 알아차려 봅니다.

일단 이 연습을 시도했다면, 스스로 해냈다는 자부심을 가져야 한다! 처음 연습할 때 겪는 어려움은 정상적인 것이므로, 조금이라도 힘들었다면 스스로 다독여 주는 것을 잊지 말아야 한다. 자신의 생각에 대해 판단하지 않고 반응하지 않는 자세를 숙달하려면 연습이 필요하나, 다음 한 주 동안 이 영역에서 얼마나 진전되었는지 파악해 보자.

구름 마음챙김 연습에 대한 당신의 반응을 기록해 보자.

마음챙김 연습을 하기 전에는 기분이 어땠나요?

~~~~~~

~~~~~~

~~~~~~

지금 기분이 어떤가요?

~~~~~~

~~~~~~

~~~~~~

마음챙김 시각화를 하고 나서 당신의 생각에 어떤 변화가 생겼나요?

~~~~~~

~~~~~~

~~~~~~

복습하기: **키포인트**	• 점진적 근육 이완법은 근육 긴장과 같은 불안 관련 신체 감각을 완화하는 데 사용할 수 있는 기법이다. • 점진적 근육 이완법의 목표는 근육을 긴장시키고 이완시킴으로써 깊은 신체적 이완을 유도하는 것이다. 신체적 이완이 정신적 이완에 영향을 미친다는 사실을 알 수 있다. • 정신적 이완을 목표로 하는 또 다른 기법은 마음챙김으로, 비판단적 태도로 현재 순간에 주의를 기울이는 것을 의미한다. • 마음챙김으로 호흡에 주의를 기울이면서, 불안에 도움이 되는 정신적 이완을 유도할 수 있다. • 마음챙김이나 점진적 근육 이완법을 연습할 때, 어려움이 느껴진다면 인내심을 가져야 한다. 연습하다 보면, 이러한 이완 기법들을 더 잘 다룰 수 있게 될 것이다.
집에서 연습하기	• 점진적 근육 이완법: 최소 일주일 동안 하루에 한 번 이상 점진적 근육 이완법을 연습해 보자. 다음 표에 신체적, 정신적 및 전반적인 이완 상태를 모니터링하면서 진행 상황을 기록한다. 현재의 목표는 이 연습을 통해 최소 중간 정도의 이완(100점 척도 중 50점 정도)을 달성하는 것이다. • 마음챙김 이완: 최소 일주일 동안 하루에 한 번 이상 호흡 마음챙김 또는 구름 마음챙김을 연습해 보자. 다음 표에 진행 상황을 기록한다. 이완의 정도 외에도, 현재 순간에 대한 알아차림, 비판단 및 비반응의 정도를 함께 기록한다. 마찬가지로, 중간 정도의 수준(100점 척도 중 약 50점)을 목표로 하길 바란다.

점진적 근육 이완법 기록지

아래 표에 점진적 근육 이완법의 경험을 기록한다. 0에서 100까지의 척도를 사용하며, 0은 전혀 이완되지 않았음을 의미하고 100은 완전히 이완되었음을 의미한다. 중간 정도의 이완은 50이다.

	월(Mon)	화(Tue)	수(Wed)	목(Thu)	금(Fri)	토(Sat)	일(Sun)
신체적 이완 (0~100 척도에서 몸의 긴장이 얼마나 덜 하다고 느끼나요?)							
정신적 이완 (0~100 척도에서 정신적으로 얼마나 평온함을 느끼나요?)							
전반적인 이완 상태 (0~100 척도에서 전반적으로 얼마나 이완되는 것을 느끼나요?)							

마음챙김 이완 기록지

아래 표에 호흡 마음챙김과 구름 마음챙김 연습 경험을 0에서 100까지의 척도를 사용하여 기록해 본다. (0: 전혀 이완되지 않음, 전혀 현재에 존재하지 않음, 전혀 비판단적 혹은 비반응적 태도를 취하지 않음, 100: 완전히 이완됨, 완전히 현재에 존재함, 완전히 비판단적 혹은 비반응적 태도를 취함)

호흡 마음챙김	월(Mon)	화(Tue)	수(Wed)	목(Thu)	금(Fri)	토(Sat)	일(Sun)
정신적 이완 (0~100 척도에서 정신적으로 얼마나 평온함을 느끼나요?)							
현재 알아차림 (0~100 척도에서 얼마나 현재 순간을 알아차렸나요?)							
비판단적 태도 (0~100 척도에서 얼마나 비판단적 태도를 취했나요?)							
비반응적 태도 (0~100 척도에서 얼마나 비반응적 태도를 취했나요?)							

구름 마음챙김	월(Mon)	화(Tue)	수(Wed)	목(Thu)	금(Fri)	토(Sat)	일(Sun)
정신적 이완 (0~100 척도에서 정신적으로 얼마나 평온함을 느끼나요?)							
현재 알아차림 (0~100 척도에서 얼마나 현재 순간을 알아차렸나요?)							
비판단적 태도 (0~100 척도에서 얼마나 비판단적 태도를 취했나요?)							
비반응적 태도 (0~100 척도에서 얼마나 비반응적 태도를 취했나요?)							

인지 재구성

집에 혼자 있다고 상상해 보자. 당신은 긴 하루가 끝나고 휴식을 취하기 위한 준비를 하고 있다. 가족들은 (혹은 룸메이트는) 외식을 하러 집을 비웠고 금방 돌아올 것 같지 않다. 방금 저녁 식사를 마치고 자리에 앉아 영화를 보려고 하는데, 갑자기 문 닫는 소리가 들린다(Beck, 1976의 내용 적용). 이 소리는 몇 초 동안 계속된다. 지금 이 순간 어떤 생각이 떠오르는가? 이 상황에 대해 자동적으로 어떤 생각이 들었나? 가장 먼저 떠오르는 생각을 아래 빈칸에 적어 보자.

자동적인 생각: _____

이런 생각이 든다면 이 상황에 대해 어떤 기분(무서움, 짜증, 흥분)이 들지 생각해 보고 아래 빈칸에 적어 보자.

기분: _____

이 상황에 대해 읽을 때 당신 마음속에 특정한 생각이 곧바로 떠올랐다고 하더라도, 당신이 할 수 있는 다른 생각들은 많다. 아래의 빈칸에 이 상황에서 일어날 수 있는 다른 해석을 몇 가지 작성해 보자. 그런 다음 그 생각에 대한 반응으로 어떤 감정이 들지 생각해 보자.

생각: _____
감정: _____

생각: _____
감정: _____

생각: _____
감정: _____

때로는 상황에 대한 다른 해석을 하는 것이 어렵더라도 괜찮다. 다양한 생각과 감정에 대해 몇 가지 예를 들어 보겠다.

- 가족 중 한 명이 일찍 들어와서 걱정스러울 수 있다.
- 무언가 고장 났고 고쳐야 해서 짜증이 났을 수 있다.
- 집에 누군가 침입을 해서 두려울 수 있다.
- 바람에 문이 닫혀서, 별다른 감정이 느껴지지 않을 수 있다.

보다시피, 우리가 무엇을 생각하느냐에 따라 이 상황에 대한 정서적인 반응은 달리 나타날 수 있다. 본질적으로 이 상황은 인생의 많은 상황과 마찬가지로 모호하다. 따라서 상황에 따라 어떻게 느껴지는지는 당신이 어떻게 생각하고 결론을 내리는지에 따라 달라진다.

불안한 생각과 불안의 순환

우리의 생각과 해석이 감정에 영향을 미친다는 생각은 그다지 새롭지 않다. 실제로 그리스의 스토아 철학자 에픽테토스(기원후 55~135년)는 "사람들은 사물에 감명을 받는 것이 아니라 사물을 바라보는 시각에 감동을 받는다."라고 말한 것으로 알려져 있다. 몇 세기 후 윌리엄 셰익스피어는 "좋은 것도 나쁜 것도 없지만, 생각이 그렇게 만든다."라고 말했다. 제1장의 섹션 3(어떻게 불안 발작이 나타나는가)에서 불안의 세 가지 요소(신체적, 인지적, 행동적 요소)를 제시하고 이들이 서로에게 어떤 영향을 미치고 불안의 악순환을 만들어 내는지에 대해 살펴보았다. 이제 두 번째 측면인 불안의 인지적 요소를 살펴보자.

불안의 순환을 이해하기 위해서는 두 가지 포인트를 고려해야 한다. 첫째, 사람들은 불안한 방식으로 생각할 때, 더 불안하게 느끼고 불안한 방식으로 행동하는 경향이 있다. 자녀들을 걱정하는 소피아의 사례로 돌아가, 하루가 넘도록 아들에게서 연락이 없는 상황을 가정해 보자. 만약 소피아가 "어젯밤 아들이 파티에 간다고 했는데, 집으로 돌아오는 길에 음주운전 차에 치였으면 어쩌지?"라고 생각한다면, 그녀는 불안감을 느끼고 불안한 행동을 할 것이다(반복적으로 아들에게 전화하기, 지난밤부터의 사건기록부 확인하기).

둘째, 제1장의 섹션 3에 대해서도 논의해 보겠다. 사람들이 만성 불안과 신체적 긴장을 경험하면, 불안한 방식으로 생각할 가능성이 높아진다. 이번 섹션의 첫 부분에서 제시한 예시를 다시 생각해 보자. 공포영화를 보고 있고 불이 꺼져 있다면, 대낮의 밝은 조명 아래에서 가벼운 코미디 영화를 볼 때보다 이상한 소음에 대해 불안한 생각을 할 가능성이 더 높다. 일반적으로 높은 불안 수준을 지닌 사람들은 마치 긴장감 넘치는 영화를 보는 것처럼 반응한다. 신체가 항상 긴장과 불안한 상태이기 때문에 모호한 상황에 대한 반응으로 불안한 생각을 할 가능성이 높다. 이는 신체가 긴장된 상태에 있으면 뇌에서 뭔가 잘못되었다는 피드백을 보내기 때문이다. 예를 들어, 질이 직장에서 스트레스로 가득 찬 하루를 보낸 후 이미 긴장하고 불안한 상태였다면, 친구들에게 애매모호한 내용의 문자를 받았을 때 친구들이 자신에게 화가 났다고 생각할 가능성이 높다. 하지만 편안한 주말 아침에는 같은 메시지가 전혀 신경 쓰이지 않을 수 있다. 이 생각이 그녀의 친구들이 실제로 평일 밤에 화를 낼 가능성이 높다는 것을 의미하는가? 전혀 아니다. 질이 모호한 문자를 이런 식으로 해석할 가능성이 높기 때문에 불안을 유발할 뿐이다.

따라서 우리의 감정과 행동을 주도하는 것은 상황이 아니라 우리의 생각(상황에 대한 해석)이다. 여러 요인들이 사물을 해석하는 방법을 결정한다. 만성적으로 불안하고 긴장하면, 불안한 생각을 할 가능성이 높아진다.

1) 자동적 사고

생각은 상황을 평가하고, 빠르게 판단하고, 잠재적인 해결책을 만들고, 특정 방식으로 행동하면 어떤 일이 일어날지 고려하게 돕는다. 사실, 우리는 생각에 너무 의존하기 때문에 때때로 우리가 생각하고 있다는 사실을 거의 인식하지 못한다! 이것이 바로 자동적 사고(automatic thinking)다.

자동적 사고는 의식적 자각 없이 빠르게 일어난다. 여기에는 이유가 있다. 빠르게 생각하는 것이 적응적이기 때문이다. 우리는 무엇을 먹을지, 무엇을 입을지, 직장이나 학교에 어떻게 갈지, 직장에서 어떤 프로젝트를 진행할지, 어떤 음악을 들을지, 어떤 TV 프로그램을 볼지, 언제 잠자리에 들지 등 하루에도 수백 가지의 결정을 내린다. 이렇게 많은 정보를 두뇌의 사고 과정을 통해 신중하고 느리게 처리하면, 상황을 파악하고 행동을 결정하는 데 너무 오랜 시간이 걸린다. 대부분의 경우 자동적 사고는 우리에게 효과적이다. 뇌의 노력을 덜 들이고 사회적 상황을 평가하고 빠른 판단을 내리고 효율적인 결정을 내릴 수 있게 해 준다.

하지만 때때로 자동적 사고는 의도하지 않은 문제를 야기하기도 한다. 즉, 우리 뇌는 오류와 비합리적인 결론으로 이어지는 지름길을 만들어 낸다. 이러한 정신적 지름길은 우리를 효율적으로 생각하게 하지만, 편견에 쉽게 빠지게 하고 고정관념 같은 것을 만든다.

친구의 다섯 살 난 딸의 생일 선물을 사야 하는데, 딸이 장난감 자동차보다는 인형을 좋아할 거라고 가정하는 상상을 해 보자. 이는 비교적 무난한 예일 수 있지만, 고정관념은 지나치게 일반화된 가정이기 때문에 때때로 위험할 수 있다. 마찬가지로, 정신적 지름길은 문제가 되는 불안을 유발하는 편향된 사고에 기여할 수 있다.

2) 정서적 추론

흔히 위협적으로 "느껴지는" 생각은 "사실"로 받아들여질 가능성이 높다. 예를 들어, 아들의 전화를 기다리는 소피아는 아들이 위험에 처해 있다는 증거가 없더라도, 너무 불안한 나머지 아들에게 끔찍한 일이 일어났을 거라고 생각할 수 있다. 위협적인 생각이 정확하고 확실한 진실이라고 여기는 것은 정상적이다. 사실, 위협적인 정보를 무시하면 생존이 위태로워질 수 있기 때문에 우리의 뇌는 위협적인 정보를 심각하게 받아들이도록 연결되어 있다. 사실보다는 감정에 근거해서 상황을 분석하는 것을 정서적 추론(emotional reasoning)이라고 한다.

정서적 추론은 모든 사람들에게 흔하게 일어난다. 논리와 이성보다는 감정에 기반하여 생각하는 것이 더 효율적이기 때문이다(논리와 이성을 통해 생각하는 것은 정보를 훨씬 더 본질적으로 열심히 검토해야 함). "좋은 느낌"을 가지고 복권을 구입한 사람이 결국 수백만 명의 다른 사람들과 함께 실망에 빠지는 경우를 생각해 보자. 또는 동료가 자신을 좋아하지 않는다고 "느꼈기" 때문에 의도적으로 "자신의 감정을 건드린다"고 생각하는 사람도 있다. 또는 단순히 질투심을 "느꼈기" 때문에 배우자가 바람을 피우는 것을 "안다고" 하는 사람도 있다. 이 모든 예시는 정서적 추론, 즉, 단순히 어떤 것이 사실이라고 느껴진다는 이유로 그것을 사실이라고 가정하는 것의 예이다. 문제가 되는 불안의 경우, 불안할 때 생각을 사실로 받아들일 가능성이 높기 때문에,

불안을 느낄 때 자신의 생각을 살펴볼 필요가 있다.

3) 생각에 도전하기

로마 황제이자 스토아 철학자인 마르쿠스 아우렐리우스(기원후 121~180년)는 "외부의 어떤 일 때문에 괴롭다면, 그 고통은 그 일 자체 때문이 아니라 그 일에 대한 당신의 평가 때문이며, 당신은 언제든 그것을 없앨 힘이 있다."라고 말했다. 여기서 "평가"란 (앞서 설명한 것처럼) 우리가 경험하는 고통이나 불안에 영향을 미칠 수 있는 해석을 의미한다. 마르쿠스 아우렐리우스는 한 걸음 더 나아가 우리가 내린 해석을 거부할 수 있는 능력이 있다고 말했다. 이는 우리가 자신의 생각에 대해 무언가를 할 수 있다는 것을 의미한다. 우리는 속도를 늦추고 자동적 사고를 인식한 다음, 그것이 실제로 현실적인지 평가할 수 있다. 이번 장에서는 ① 불안한 생각의 문제적 패턴을 알아차리는 방법과 ② 불안한 생각에 도전하는 방법을 알려 준다. 이는 불안의 악순환을 끊는 데 도움이 될 것이다.

생각은 자동적이며, 당신은 오랫동안 같은 방식으로 생각해 왔기 때문에, 처음에는 이러한 기술을 배우기가 어려울 수 있다. 자신의 생각을 관찰하는 법을 배우는 것은 인내와 연습이 필요한 기술이다. 처음에는 속도를 늦추고 생각을 관찰하는 것이 어려울 수 있지만 계속 노력해야 한다. 당신은 혼자가 아니다! 불안한 감정의 기저에는 자동적이고 비합리적인 불안한 생각이 있을 수 있음을 기억해야 한다. 제1장 섹션 3에서 살펴본 것처럼, 나쁜 결과가 발생할 수 있다는 생각은 불안한 감정의 주요 요소이며, 종종 불안과 관련된 신체 감각과 행동을 유발한다. 따라서 그 생각이 무엇인지 정확히 알지 못하더라도, 당신이 느끼는 감정을, 속도를 늦춰 생각에 주의를 기울일 수 있도록 알려 주는 지표로 사용한다. 이렇게 꾸준히 하다 보면 더 많은 패턴을 알아차리기 시작하고 생각을 감지하기가 더 쉬워질 것이다.

4) 불안한 생각의 덫

모든 사람(심지어 불안 문제가 없는 사람들도)은 "함정"에 빠지기 쉽다. 우리가 생각의 지름길을 사용하기 때문에 나타나는 생각의 함정은 피할 수 있으며, 대부분의 경우 이러한 지름길은 우리에게 문제를 일으키지 않는다. 그러나 때때로 이러한 지름길은 문제가 되는 끊임없는 불안을 야기한다. 문제가 되는 불안을 가진 사람들에게는 확률 과대평가와 재앙적 사고라는 두 가지 주요 생각의 함정이 있다. 이 두 가지에 대해 보다 자세히 살펴보자.

섹션 1 확률 과대평가

확률 과대평가는 문제가 되는 불안을 겪는 사람들이 가장 흔히 겪는 생각의 함정이다. 확률 과대평가는 일어날 가능성이 낮은 사건을 가능성이 높다고 부정확하고 비합리적으로 예측하는 것을 의미하며, 이 함정에 빠진 사람들은 가능성(possibility)과 확률(probability)을 혼동한다. 확률 과대평가의 일반적인 예로는 비행기가 추락할지도 모르기 때문에 비행기 타기를 두려워하는 것이다. 이러한 유형의 공포를 겪는 사람들은 비행기 추락의 가능성을 높게 느낄 수 있다. 하지만 여객기는 가장 안전한 교통수단이다. 지난 10년 동안 승객용 여객기에서 약 300건의 비행기 추락 사고가 발생했다. 이는 높은 수치로 보일 수 있다. 그러나 하루에 약 10만 건, 연간 350만 건의 비행이 이뤄지고 있는 것을 고려하면, 지난 10년간 비행기 추락 사고의 확률은 약 0.0000004, 즉 100만 분의 1에 불과하다(Aviation Safety, 2018). 비행기 사고의 3분의 1 미만이 사망으로 이어진다는 점을 고려하면 비행기 추락 사고로 인한 사망 확률은 더 낮아진다. 이를 통해 비행기가 추락할 수 있으나 그 가능성은 극히 낮다는 것을 알 수 있다.

워크북에서 나오는 소피아를 또 다른 예로 생각해 보자.

소피아는 집에서 친구에게 이메일을 쓰고 있다. 갑자기 그녀는 머리 뒷쪽에서 날카로운 통증을 느낀다. 통증은 간헐적으로 날카롭고 욱신거린다. 소피아는 어깨가 긴장되기 시작하며 목과 머리를 문지르기 시작한다. 입도 마르기 시작한다. 그녀는 '혹시 뇌졸중이 온 건 아닐까?'라고 생각한다. 그녀는 쓰던 이메일을 닫고 자신의 증상에 대해 인터넷 검색을 해 본다. 그리고 남편에게 전화를 걸어 병원에 가야 하는지, 911에 전화해야 하는지 물어본다. 그녀는 당황하기 시작한다.

불안 순환의 각 요소를 살펴보자. 소피아는 불안한 생각('뇌졸중이 오면 어쩌지?'), 불안한 신체 감각(긴장, 입마름), 불안한 행동(증상에 대한 검색, 남편에게 전화하기)을 경험하고 있다. 중요한 것은 소피아가 모호한 신체 감각(욱신거림)을 생명에 위험한 것으로 해석하기 때문에, 불안한 감정을 느끼고 불안한 행동을 한다는 것이다. 만약 소피아가 '두통이 오는가 보다.'라고 생각한다면 약을 복용하고 아무런 걱정 없이 다시 활동할 수 있었을 것이다.

불안한 생각은 불안한 감정과 행동으로 이어진다는 사실을 기억해야 한다. 소피아는 뇌졸중이 올지도 모른다는 생각에 당황하고 있다. 소피아는 희박한 가능성의 사건(뇌졸중)이 매우 높은 확률로 일어날 수 있다고 생각하며, 확률 과대평가라는 생각의 함정에 빠져 있다. 또한 소피아는 통증에 대해 불안한 감정이 느껴지기 때문에, 무언가가 잘못된 것이라고 믿는 정서적 추론도 하고 있다. 불안한 감정으로 인해 소피아의 뇌는 불안에 근거한 결론을 내리게 된다. 다행히도 우리는 소피아가 생각을 조정하고 불안의 악순환을 끊을 수 있도록 도울 수 있다. 불안의 악순환에 대해 살펴보자.

1. 확률 과대평가에 도전하기

확률 과대평가에 대응하려면 불안을 유발하는 상황에 대해 섣불리 결론을 내리거나 지나치게 일반화를 하지 않으면서, 대안적인 사실과 가능성을 고려하는 방법을 배워야 한다. 소피아는 사실과 가능성을 고려하지 않고 성급하게 결론을 내렸다("뇌졸중이 왔다"). 이러한 정서적 추론에 근거한 판단과 예측은 편향될 가능성이 매우 높기 때문에 다른 가능성을 고려하고 근거를 평가하는 것이 중요하다.

확률 과대평가에 대응하기 위한 5가지 단계가 있다. 뇌졸중에 대한 소피아의 두려움을 예로 들어 각 단계가 실제로 어떻게 작동하는지 설명하겠다.

1) 1단계: 자신의 생각을 관찰하고 생각을 가설로 생각해 보기

어떤 것을 변화시키기 위한 첫 번째 단계는 그것이 일어나고 있음을 인식하는 것이다. 앞서 지적했듯이 생각은 자동적으로, 빠르게, 그리고 종종 우리의 인식 밖에서 일어나기 때문이다. 불안한 감정을 표면 아래에 불안한 생각이 숨어 있다는 지표로 활용해 보자.

불안한 감정이 드는 것을 관찰했다면, 이 섹션의 마지막에 제시된 확률 과대평가에 도전하기 워크시트에 그 생각을 적어 보자. 글을 쓰면 속도를 늦추고 생각을 관찰하는 데 도움이 된다. 생각을 적을 때는 "이 생각은 어느 정도 믿을 만한가?" 라고 스스로에게 물어봐야 한다. 생각의 초기 신빙성을 0(전혀 믿을 수 없음)에서 100(완전히 믿을 수 있고, 절대적으로 사실임)까지의 척도로 평가하는 것이 좋다. 처음에는, 특히 더 불안한 순간에는 자신의 생각을 75~100점 범위로 비교적 신빙성이 높다고 평가할 가능성이 높다. 이는 정상적인 반응이다. 우리의 뇌는 생각을 사실로 받아들이는 것에 타고났다는 사실을 기억하자. 불안한 생각을 알아차리는 데 어려움이 있다면, 그 생각들은 미래의 어떤 일이 잘못될 것이라는 예측("만약 ……이 일어난다면……")과 같은 형태로 나타난다는 점을 기억하자.

생각을 확인하는 방법에 대한 추가적인 검토가 필요하다면 "불안의 인지적 요소"를 검토한다. 다음과 같은 소피아의 예를 살펴본다.

상황	생각 (믿을 수 있는 정도 0-100)	신체 감각 및 감정	행동	주관적 불편감 지수 (SUDS)
머리가 욱신거리기 시작함	뇌졸중(80)이 생겼다	입마름, 긴장, 공황	증상 찾아보기, 남편에게 전화하기	85

신체 감각과 행동을 기록할 수 있는 공란도 포함되어 있다. 이 장에서는 생각에 초점을 맞추고 있지만 신체 감각을 알아차리는 것도 불안의 순환을 더 잘 이해하는 데 좋은 연습이 되며 정서적 추론을 발견하는 데도 도움이 될 수 있다.

2) 2단계: 예측을 지지하는 증거와 반대하는 증거를 평가하기

이제 자신의 생각을 지지하거나 반대하는 증거를 평가해 본다. 이렇게 하면 감정적이기보다는 이성적인 방식으로 생각하는 데 도움이 된다. 증거란 정확히 무엇일까? 증거는 사실에 기반해야 한다. 증거는 '감정'이나 의견이 아닌, 법정에서 판사에게 제시할 수 있는 객관적인 정보를 기반으로 한다. 불안이 심할 때는 정서적 추론에 빠지기 쉬워서 주관적인 감정을 증거로 간주하기 쉽다. 하지만 증거는 다른 사람이 관찰하거나 검증할 수 있는 것으로, 주관적 관점에서만 근거한 것이 아니어야 한다. 증거를 검토할 때는 주관적인 생각과 감정을 피하고 사실에 충실하자! 소피아의 예로 돌아가 본다. 다음 중 소피아의 생각을 뒷받침하는 증거가 될 수 있는 것은 무엇일까?

  ☐ 혈관 질환에 대한 가족력
  ☐ 두통
  ☐ "시야가 흐려진 것 같아요."
  ☐ "이런 고통은 느껴 본 적이 없어요."

  처음 두 예시는 관찰할 수 있고, 검증 가능하며, 지각이 아닌 사실에 근거하고 있다. 나머지 두 예시는 해석이므로 증거가 되지 않는다. 전에는 이런 통증을 느껴 본 적이 없다는 소피아의 생각은 주관적인 지각에 근거한 것으로, 이 통증이 무엇을 의미하는지에 대한 두려움 때문에 편향되었을 가능성이 높다. 소피아가 현재 겪는 고통은 과거의 경험과 객관적으로 비교할 수 없으므로 좋은 증거가 되지 못한다. 그녀가 말할 수 있는 것은 머리가 아프다는 것뿐이다.

  특정 생각에 "반대"하는 증거를 찾는 것은 자연스럽거나 자동적이지 않은 대안적인 생각을 고려해야 하기 때문에 더 어려울 수 있다. 모든 인간은 자신의 신념을 뒷받침하는 정보를 찾고 이에 반하는 정보는 무시하거나 무가치한 것으로 치부하는 경향을 보이는데, 이러한 현상을 확증 편향(confirmation bias)이라고 한다. 이는 문제가 되는 불안을 경험할 때 특히 어렵다. 특히 처음 시작할 때는 스스로에게 인내심을 갖고 꾸준히 지속한다. 또한 외부의 관점에서 더 객관적인 증거를 찾을 수 있기 때문에, 다른 사람의 관점을 취해 보면 증거를 찾는 데 도움이 될 수 있다. 소피아가 뇌졸중이라고 생각하는 것에 반대되는 증거를 생각해 볼 수 있는가? 소피아의 차트를 통해 이 생각을 지지하는 증거와 반대하는 증거를 살펴보자.

지지 증거	반대 증거
뇌졸중의 가족력 두통	비교적 젊은 나이 건강한 생활 습관 뇌졸중의 다른 증상 없음

3) 3단계: 대안적 가능성을 탐색하고 그 증거를 평가하기

이제 대안적인 가능성이나 설명을 고려해 보자. 다시 한번 강조하지만, 이것은 대부분의 사람들에게는 자연스럽지 않은 어려운 기술이다. 대부분은 불안감을 느낄 때 신중하고 이성적인 방식으로 생각하는 데 익숙하지 않다. 하지만 편향된 방식으로 생각할 가능성이 가장 높은 때이기 때문에, 이 기술을 사용하는 게 가장 중요한 시기이기도 하다. 대안적인 가능성을 마련하는 데 도움이 되는 몇 가지 질문을 고려해 보자.

- 친구에게 어떻게 설명하고 싶은가요?
- 내가 이렇게 믿게 된 이유는 무엇이며, 다른 결론이 있을까요?
- [두통]에 대한 다른 설명은 무엇일까요?
- [두통]을 유발할 수 있는 다른 원인은 무엇인가요?
- 다른 사람이 [두통]을 경험하고 있다면, 나는 어떻게 생각할까요?

소피아를 다시 만나기 전에 두통에 대한 가능한 대안적인 설명을 생각해 볼 수 있는가? 다음 표를 통해 소피아가 생각한 것을 확인해 보자.

대안	지지 증거	반대 증거
두통이 시작되었다. 컴퓨터를 오래 쳐다보느라 눈이 피로하다. 피곤하다. 아무것도 아니다.	두통이 있음. 두통에 취약함. 컴퓨터를 오래 함. 어젯밤 충분히 잠을 자지 못함. 때때로 우리 몸은 무작위적으로 작동함.	눈이 건조하거나 피로하지 않음. 피곤하지 않음.

이 단계는 아마도 연습에서 가장 어려운 부분일 것이다. 사람들은 흔히 이 부분을 강제적이거나 가짜라고 느낀다고 한다. 문제가 되는 불안을 겪는 많은 사람들은 "글쎄요, 그래요. 하지만 사실처럼 느껴지지 않아요." "진짜가 아니에요." "아직 안 믿겨요."라고 말하곤 한다. 그렇다고 해서 연습을 포기할 이유는 없다. 이것은 오히려 제대로 연습하고 있다는 신호이다.

당신은 자동적인 사고에 반응하는 것이 아니라 실제로 다른 대안적인 설명에 대해 생각하고 있기 때문이다. 모든 대안적인 설명이 사실이라고 '느꼈다면' 불안해하지 않았을 것이고 처음부터 연습할 필요도 없었을 것이다. 사람들은 습관적으로 정서적 추론을 하기 때문에 이 연습에 능숙해지는 데는 시간이 걸린다. 계속해 보자!

4) 4단계: 실제 확률 결정하기

이제 실제 확률을 결정하거나 계산할 수 있다. 사용할 수 있는 정보를 통해, 예측된 부정적인 결과가 실제로 발생할 가능성을 결정해 볼 것이다. 이는 사건이 실제로 발생한 횟수를, 비슷한 상황에 처했거나 걱정되는 결과에 대해 비슷한 걱정을 한 횟수로 나누어 평가하는 방식으로 이루어진다. "X가 몇 번이나 일어났거나, 일어나지 않았을까?"라고 스스로에게 물어볼 수 있다. 소피아의 경우, 뇌졸중을 겪은 횟수(0회)를 결정하고 이를 두통을 경험한 횟수로 나눈다. 이 두 번째 부분을 계산하는 데는 약간의 추정이 필요하지만, 이 연습에서 중요한 부분이므로 너무 빨리 포기하지는 말자. 소피아의 예를 함께 살펴보자. 소피아는 한 달에 두통을 2회(또는 1년에 24회) 겪는다고 추정해 본다. 소피아는 젊었을 때는 두통이 없었던 것으로 기억하지만, 20대 중반부터 규칙적인 두통과 통증을 경험했다. 연간 24번의 두통에 30년을 곱하면 성인 생활 동안 총 720번의 두통을 겪은 것으로 추정된다. 따라서 실제 확률은 $\frac{0}{720}$이다. 실제 확률을 결정하면 (정서적 데이터가 아닌) 실제 데이터를 제공할 수 있다. 소피아의 경우를 살펴보자.

A	[두통]이 얼마나 있었나요, 혹은 얼마나 내가 두통에 대해 생각했나요?	720
B	몇 번 정도가 사실인가요? [고통스러운 결과]가 몇번이나 있었나요?	0
C	실제 확률은 얼마인가요?("B"에서 "A"를 나눈다)	0%

5) 5단계: 더 가능성이 높은, 대안적 해석 만들기

마지막 단계는 보다 현실적인 대안을 만들어 보는 것이다. 2~4단계에서 수집한 정보를 검토하는 것부터 시작해 보자. 증거, 대안적인 설명, 그리고 실제 확률에 대해 어떤 결론을 내릴 수 있을까? 스스로에게 다음과 같은 질문을 해 보자. "더 현실적인 가능성은 무엇인가?" 소피아에 대해 어떤 대안적인 해석을 만들어 낼 수 있는가? 새로운 생각의 신빙성을 0점(전혀 믿을 수 없음)에서 100점(완전히 믿을 수 있고, 절대적으로 사실임)까지의 척도로 평가하여 연습을 마친다. 또한 처음에 가졌던 생각의 신빙성을 다시 평가해 보는 것도 좋다. 소피아가 작성한 양식의 마지막 부분을 살펴보자.

	생각	믿을 수 있는 정도
증거를 검토한 후 원래 생각의 신빙성을 평가하세요.	기존 생각: 뇌졸중이 생겼다.	35
더 현실적인 가능성은 무엇인가요? 이 생각의 신빙성을 평가하세요.	대안적 생각: 그냥 피곤하거나 두통일 가능성이 훨씬 더 높다.	60
앞으로 나 자신에게 어떤 말을 할 수 있나요?	무엇인가 잘못되었을 가능성이 있지만, 증거에 따르면 그럴 가능성은 거의 없다.	60

6) 추가 고려 사항

대안적 사고를 만드는 데 중요한 세 가지 사항을 강조하고자 한다. 첫째, 사람들은 연습에서 만든 대안적인 사고가 완전히 믿기지는 않는다고 느끼는 경우가 적지 않다. 이는 정서적 추론의 특성 때문이다. 우리의 뇌는 불안한 감정을 느낄 때 불안한 방식으로 생각하기가 더 쉽다. 뇌는 불안한 감정을 심각하게 받아들이도록 연결되어 있기 때문에 불안한 감정을 느낄 때 다른 방식(즉, 불안하지 않은 방식)으로 생각하기가 어렵다는 점을 기억하자. 그럼에도 불구하고, 이 연습을 통해 원래의 불안한 생각을 믿는 정도가 전혀 바뀌지 않았는지 여부를 확인해 보자. 작은 변화도 큰 진전이다! 반복적으로 연습하고 대안을 고려하면, 불안한 생각의 신빙성은 계속 감소할 것이다.

둘째, 불안한 생각에 대응하는 것은 "긍정적인 생각을 하는 것" 즉, "나쁜" 생각을 "좋은" 생각으로 대체하는 것과는 다르다. 사실, 이 연습의 목적은 다른 방향으로 편향된 생각을 만드는 게 아니다. 예를 들어, 소피아가 "나는 완벽히 괜찮고 나에게 나쁜 일은 절대 일어나지 않을 거야!"라는 결론을 내리도록 하지 않는다. 이는 증거에 기반하지 않은 것이기 때문에, 비합리적이고 매우 인위적인 결론이 될 수 있다. 그 대신, 자동적 사고를 지지하는 증거와 반대하는 증거를 살펴본 다음, 보다 현실적인 대안을 생각해 내는 것이 목표이다.

마지막으로, 확률 과대평가에 도전하는 단계를 진행하다 보면 특정 생각에 대해 2, 3, 4단계가 좀 더, 혹은 덜 유용하거나 심지어 중복되어 있다는 것을 알게 될 수도 있다. 예를 들어, 비행기 추락에 대해서는 실제 확률을 계산하는 게 유용할 수 있는 반면, 집에 혼자 있을 때 위층에서 소음이 들릴 경우에는 대안적 설명에 대한 증거를 평가하는 게 효과적일 수 있다. 그럴 때는 자신에게 가장 적합한 방법을 선택하자. 중요한 것은 ① 자동적 사고에 의문을 제기하고, ② 가능한 대안을 고려하는 것이다.

결론적으로, 확률 과대평가는 일어날 가능성이 희박한 사건을 가능성이 높다고 부정확하거나 비합리적으로 예측하는 것을 말한다. 확률 과대평가는 생각에 대한 증거를 평가하고, 대안적인 설명을 탐색하고, 실제 확률을 계산하는 방법으로 반박할 수 있다.

복습하기:
키포인트

- 상황 자체보다는 생각이 우리의 감정과 행동을 주도한다. 만성적으로 불안하고 긴장하면 불안한 생각을 할 가능성이 높아진다.
- 자동적 사고는 의식적으로 인식되지 않고, 빠르게, 자주 발생하는 생각이다. 우리가 사실보다는 감정에 따라 상황을 판단할 때, 이러한 생각들은 편향되기 쉽다. 이를 정서적 추론이라고 한다.
- 생각의 함정은 불안 수준이 높지 않은 사람들에게도 흔히 발생한다. 불안한 사람들이 겪는 가장 흔한 생각의 함정 중 하나는 확률 과대평가로, 나쁜 결과가 일어날 가능성을 과장하는 것이다.
- 개인은 불안한 생각을 지지하는 증거와 반대하는 증거를 고려하고, 부정적인 결과가 발생할 실제 확률을 추정하고, 대안적인 설명과 더 개연성 있는 가능성을 만듦으로써 확률 과대평가에 대응할 수 있다.

집에서 연습하기

- 확률 과대평가에 도전하자. 자가 모니터링을 계속하되, 이번 주에는 다음 페이지의 확률 과대평가에 도전하기 양식을 사용하여 자신의 생각에 도전하는 연습을 해 보자. 양식에 확률 과대평가에 대한 생각을 3개 이상 작성한다.

확률 과대평가에 도전하기

1단계: 생각 관찰하기

상황	생각 (믿을 수 있는 정도 0-100)	신체 감각 및 감정	행동	주관적 불편감 지수 (SUDS)

2단계: 생각을 지지하는 증거와 반대하는 증거 평가하기

지지 증거	반대 증거

3단계: 대안적 가능성을 탐색하고 그 증거를 평가하기

대안	지지 증거	반대 증거

4단계: 실제 확률 결정하기

A	상황이 얼마나 많이 발생했나요, 혹은 내가 이 생각을 얼마나 했나요?	
B	몇 번 정도가 사실인가요? [고통스러운 결과]가 몇 번이나 있었나요?	
C	실제 확률은 얼마인가요?("B"에서 "A"를 나눈다)	

5단계: 대안적 해석을 만들고, 초기 생각의 신빙성을 재평가하기

	생각	믿을 수 있는 정도
증거를 검토한 후 원래 생각의 신빙성을 평가하세요.	기존 생각:	
더 현실적인 가능성은 무엇인가요? 이 생각의 신빙성을 평가하세요.	대안적 생각:	
앞으로 나 자신에게 어떤 말을 할 수 있나요?		

섹션 2 재앙적 사고

사람들은 때때로 어떤 일이 잘못될 가능성을 정확하게 평가했음에도 불구하고, 자신이 걱정하는 부정적인 결과를 견딜 수 없을 것 같아서 여전히 불안해한다. 이는 불안한 사람들에게 영향을 미치는 두 번째 생각의 함정으로 이어지는데, 이를 재앙적 사고(catastrophizing or catastrophic thinking)라고 부른다. 재앙적 사고는 ① 원치 않는 상황을 견딜 수 없다고 가정하고 ② 자신의 대처 능력을 과소평가하는 두 가지 인지적 오류를 포함한다. 본질적으로, 재앙적 사고는 별것 아닌 일을 큰 문제로 만드는 것이다. 불안감을 느끼는 사람들은 정서적 추론의 영향 때문에 나쁜 상황을 재앙으로 여기는 경우가 많다. 하지만 진정한 재앙이란 바로잡을 수 없는 상황이며, 극히 드물게 발생한다. 사랑하는 사람을 갑작스러운 사고로 잃는 것은 재앙이다. 자신과 자녀를 부양하지 못하는 것도 재앙이다. 하지만 공과금 납부를 잊어버리는 것은 재앙이 아니다. 약속에 늦는 것도 재앙이 아니다. 직장을 잃는다고 해서 반드시 재앙은 아니다. 나쁜 상황이지만 바로잡을 수 있다.

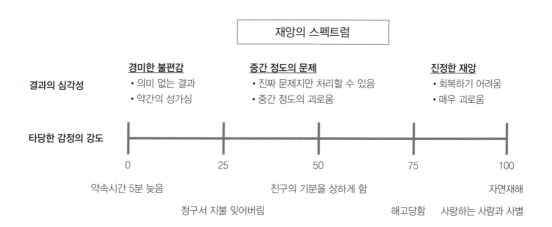

[그림 3-1] **재앙의 스펙트럼**

위기가 아님에도 모든 것을 위기로 만드는 사고 방식을 선택하는 것을 재앙적 사고라고 한다. 사소한 불상사부터 진짜 재앙에 이르기까지의 스펙트럼에 포함되는 나쁜 상황을 생각해 보자. "재앙의 스펙트럼"에서는 특정한 부정적 사건이 대부분의 사람에게 영향을 미치는 결과의 실제 심각성과 그에 따른 정서의 강도를 보여 준다. 물론 이 척도에서의 정확한 위치는 다소 주관적이며 개인적인 상황과 가치관에 따라 달라질 수 있으므로 각자의 기준점(anchor points)을 사용하여 자신만의 "재앙의 스펙트럼"을 만들어 보자.

워크북에 나와 있는 질의 예시를 살펴보자.

금요일 오후, 질은 주말을 맞아 집에 갈 준비를 하고 있다. 그녀는 친구들과 만나 저녁을 먹고 일요일에 운동 수업에 가기를 기대하고 있다. 5시 정각, 그녀는 상사로부터 월요일까지 고객이 요청한 보고서를 제출하라는 이메일을 받는다. 상사는 보고서가 아직 초안이지만 이 고객은 VIP이기 때문에 월요일 아침까지 완성해야 한다고 설명한다. 질의 얼굴이 뜨거워지고 가슴이 조여 오며 호흡이 얕아진다. 그 즉시 끔찍하다는 생각이 들기 시작한다. 제시간에 좋은 보고서를 제출하지 못할 것이고, 설사 제출하더라도 엉망일 것이라고 생각한다. 그녀는 모든 약속을 바로 취소하고 다음 날 아침에 제출할 계획으로 밤 10시까지 회사에 남아 있다. 저녁 내내 일하는 동안, 보고서가 불완전하고 부실하게 작성되지 않을까 하는 걱정을 통제할 수 없다. 그녀는 이 일이 삶의 질과 수면에 미치는 영향에 대해서도 걱정하고 있다. 그녀는 모든 상황이 견딜 수 없다고 생각하며 결과적으로 불안, 짜증, 스트레스를 느낀다.

불안 순환의 각 요소를 인식할 수 있는가? 질은 제시간에 보고서를 잘 작성할 수 있을지, 이 경험이 삶에 어떤 영향을 미칠지에 대해 걱정과 불안한 생각을 하고 있다. 그녀는 불안의 신체 감각(얼굴이 붉어지고, 가슴 근육이 팽팽해지고, 숨이 가빠짐)과 불안한 행동(사람들과의 약속을 모두 취소하고, 늦게까지 회사에 남아 있음)을 경험하고 있다.

중요한 것은, 질이 이 상황에서 발생할 수 있는 부정적인 결과(기대 이하의 보고서 제출)를 재앙으로 해석하기 때문에, 불안한 감정을 느끼고 불안한 방식으로 행동하는 것이다. 그녀는 완벽하지 않은 보고서를 용납할 수 없다고 생각하기 때문에, 야근을 하고 약속을 취소하며 업무에 대한 불안은 더 악화된다. 불안한 생각은 불안한 감정과 행동으로 이어지고, 결국 걱정은 더욱 강해지며, 질은 이 상황이 견딜 수 없다고 생각하기 시작한다. 질은 재앙화(catastrophizing)라는 생각의 함정에 빠져 있다. 질은 상사가 괜찮을 것이라고 했음에도, 미완성된 보고서를 제출하는 것은 위기가 될 거라고 가정하고 있다. 다행히도 우리는 질이 이러한 파괴적인 사고 패턴을 바로잡고 악순환의 고리를 끊을 수 있도록 도울 수 있다. 악순환의 고리가 어떻게 작동하는지 살펴보자.

1. 재앙적 사고에 도전하기

재앙적 사고에 도전하기 위해서는 마음을 천천히 가라앉히고, 결과의 실제 심각성을 고려하고, 그 상황이 실제로 나타날 경우 현실적으로 대처할 방법을 고려하는 것이 필요하다. 확률 과대평가와 마찬가지로, 불안하고 재앙적인 사고는 정서적 추론에 기반하기 때문에 편향될 가능성이 높다. 여기서는 재앙적 사고에 대처하는 구체적인 방법인 "그래서 뭐(so what)?"접근법을 소개할 것이다. 이 접근법에는 두려운 결과가 실제로 어떤 결과를 초래할지 생각해 보고, 실제 심각성을 파악하여 대처방법을 찾는 것이 포함된다. 재앙적 사고를 반박하기 위한 구체적인 세 가지 단계가 있다. 질이 처한 상황으로 돌아가 실제로 이 방법이 어떻게 실행되는지 살펴보자.

1) 1단계: 자신의 생각을 관찰하고 생각을 가설로 생각해 보기

인식은 행동 변화의 첫 번째 단계임을 기억하자. 재앙적 사고에 도전하려면 무엇이 일어나고 있는지 인식해야 한다. 확률 과대평가와 마찬가지로, 재앙적 사고는 자동적 사고의 형태로 빠르게 발생한다. 불안한 감정은 편향되고 불안한 생각을 나타내는 좋은 지표라는 점을 기억하라. 불안한 감정을 느끼고 있음을 관찰했다면, 그 생각을 종이에 적어 보자. 재앙적 사고의 경우, 이 장의 마지막 부분에 제시된 재앙적 사고에 도전하기 워크시트를 사용하는 것이 좋다. 생각을 손으로 적으면 생각의 속도가 늦춰지고 인식을 높이는 데 도움이 된다. 각 생각을 쓰면서 "이 생각은 얼마나 믿을 만한가?"라고 자문한 다음, 그 생각의 초기 신빙성을 0점(전혀 믿을 수 없음)에서 100점(완전히 믿을 수 있고, 완전한 사실임)까지 평가한다.

질의 예를 살펴보면 다음과 같다.

상황	생각 (믿을 수 있는 정도 0–100)	신체 감각 및 감정	행동	주관적 불편감 지수 (SUDS)
상사가 금요일 오후에 보고서를 요청함	이 보고서는 완전히 끔찍할 것이다	얼굴이 붉어짐 긴장, 숨 가쁨	계획을 취소하고 늦게까지 일하기	95

2) 2단계: 결과의 실제 심각도 확인하기

이제 두려워하는 결과의 실제 심각성을 파악해 본다. 사람들은 재앙적 사고를 할 때, 결과의 심각성을 과장하는 경향이 있다. 상황의 심각성을 현실적으로 평가하는 데 도움이 되도록 스스로에게 "그래서 뭐 어때?"라고 물어보자. "그래서 뭐?"라는 접근 방식을 "누가 신경이나 쓰겠어?"라는 태도와 혼동해서는 안 된다. 나쁜 일이 일어나든 말든 신경 쓰지 말라는 것이 아니다. 오히려 부정적인 결과의 실제 결과를 현실적으로 바라보는 것이 목표이다. "그래서 뭐?" 접근법은 "그럼 다음에는 어떻게 될까?" "그러면 어떻게 될까?"와 같은 질문을 던지는 방법이라고 생각하면 된다. 이 접근 방식은 생각을 논리적 결과까지 이끈 다음 "그렇다면 실제로 얼마나 나쁠까?"라고 스스로에게 질문하는 것이다. 질의 사례로 돌아가 이것이 어떻게 작동하는지 살펴보자.

스스로 물어보기	나의 응답
어떤 일이 일어날까 봐 두려운가요?	보고서를 시간 안에 끝내지 못하고 상사에게 최악의 보고서를 제출할 것 같다.
만약 그 일이 벌어졌다면 다음에는 무슨 일이 생길까요?	상사가 나에게 화낼 것이다.
그럼 그다음에는 어떤 일이 생길까요?	상사가 무슨 일이 있냐고 물어볼 것이다.
다른 일은 생길까요?	고객이 실망하고 떠난다면? 상사가 더 화낼 것 같다.

3) 3단계: 대처 전략 확인하기

이제 대처 전략, 즉 예상한 결과가 현실이 되었을 때 어떻게 할 수 있는지 확인해 보자. 대개 재앙적 사고를 하는 사람들은 어떤 상황이 발생했을 때 이에 대처할 자원이 있다는 것을 잊기 때문에, 이 단계는 매우 중요하다. 자신의 대처 능력에 자신감이 있다면 어떤 일이 생기든 큰 문제라고 생각할 가능성이 줄어든다! 자신의 대처 능력과 전략을 파악하기 위해 스스로에게 던질 수 있는 질문이 몇 가지 있다. 업무 상황에 대해 재앙적 사고를 하고 있는 질에게 다음과 같은 질문을 해 보자.

스스로 물어보기	나의 응답
[우려하던 결과가] 전에 발생한 적 있나요?	한번은 한 섹션이 누락된 보고서를 제출했는데 그걸 알아차리지도 못한 적이 있다. 전에는 고객을 잃어 본 적이 없다.
전에는 어떻게 했나요?	사과를 하고 누락한 섹션을 완성했다. 심지어 상사도 화내지 않았다.
이런 일이 발생하면 어떻게 할 수 있나요?	상사와 개선 방안에 대해 이야기할 수 있다. 다음 번에는 더 나은 일처리를 할 수 있도록 충분한 시간을 확보할 수 있다. 고객을 잃는다면 할 수 있는 일은 많지 않다.
이런 일이 발생하면 누구에게 도움을 받을 수 있나요?	상사(좋은 관계를 유지하고 있고, 잘 극복할 것이다), 동료, 친구
이런 일이 발생하면 어떤 기술이나 자원을 활용할 수 있나요?	열심히 일하는 것, 피드백에 개방적인 것, 상사와 함께 문제 해결을 하려고 노력한다.

4) 4단계: 더 가능성이 높은, 대안적 해석 만들기

이전 섹션에서 했던 것처럼, 마지막 단계에서는 보다 현실적인 대안을 만들어 본다. 이를 위해 "그래서 뭐?" 연습의 답변을 생각해 보고, 대처 전략을 검토한다. 당신이 모은 증거에 대해 어떤 결론을 내릴 수 있는가? 이 단계를 위해 스스로에게 다음과 같은 질문을 해 보자. "실제로 상황이 얼마나 심각한가?" "나의 대처 능력은 어떠한가?" "앞으로 나 자신에게 어떤 말을 할 수 있나?" 이러한 대안적인 설명의 신빙성을 평가하며 연습을 마친다. 질이 처한 상황에 대해 어떻게 생각하는가? 아래에서 그녀의 응답을 살펴보자.

	생각	믿을 수 있는 정도
실제 상황은 얼마나 심각한가요? (심각도 0-100)	완성하지 못한 보고서를 제출하면 기분이 좋지 않겠지만, 시간이 충분하지 않았기 때문에 이게 내 실력을 실제로 반영한 것은 아니다 (20/100).	90
	고객을 잃는 것은 좋지 않지만, 회사는 괜찮을 것이다(40/100).	90
	상사가 화를 내는 것은 싫지만, 관계를 회복할 수 있을 것이다(30/100).	75
자신의 대처 능력에 대해 어떻게 생각하나요?	상사와 좋은 관계를 유지하고 있고 지지해 주는 친구들이 있기 때문에 잘 극복할 수 있을 것이다.	80
앞으로 나 자신에게 어떤 말을 할 수 있나요?	압박감 때문에 최선을 다해 일하지는 못하지만, 완벽한 보고서를 제출하지 못한다고 해서 위기인 것은 아니다.	80

5) 추가 고려 사항

마지막으로 재앙적 사고에 대한 중요한 포인트를 강조하려고 한다. 불안감을 느낄 때는 특히나 스스로의 대처 능력 전부를 고려하기는 어렵다. 재앙적 사고에 빠졌을 때 스스로에게 상기시켜야 할 대처 기술과 전략, 자원, 개인적 특성에 대한 예시 몇 가지가 아래에 나열되어 있다. 이 목록의 각 항목은 어떤 상황에는 적용되지만 다른 상황에는 적용되지 않을 수도 있다. 이 목록을 읽고 자신에게 해당되는 항목에 동그라미로 표시해 보자.

- 회복 탄력성
- 사회적 지지 환경
- 문제 해결능력

- 지지적인 배우자나 파트너
- 창의성
- 신체 건강

- 피드백에 개방적임
- 교육 수준
- 다양한 취미와 관심사

- 지지적인 동료
- 유머 감각
- 신뢰성
- 결단력
- 높은 지능
- 야망 있는
- 좋은 사회적 기술
- 조직적임
- 업무분배 능력
- 협동심
- 정직함

- 가까운 가족 관계
- 전문화되거나 독특한 기술력
- 종교적 신념
- 신뢰할 수 있음
- 대인관계에서의 따뜻함
- 의료 서비스의 접근성
- 근면함
- 디테일 지향
- 상사에 대한 이해
- 팀 플레이
- 배우고자 하는 의지

- 낙관성
- 유연성
- 멀티태스킹 능력
- 우수한 시간 관리 기술
- 좋은 경청능력
- 동기부여
- 다재다능한 기술
- 인내심
- 개방적인
- 성실성
- 안정적인 생활

이 목록에 추가할 수 있는 다른 항목이 있는가? 다음에 재앙적인 생각을 할 때 이 목록을 다시 살펴보자.

2. 확률 과대평가와 재앙적 사고의 결합

불안한 생각에는 종종 확률 과대평가와 재앙적 사고가 모두 포함되어 있다. 사람들이 부정적인 결과를 실제보다 훨씬 더 크게 가정한 다음, 그 결과가 현실화되면 재앙을 초래할 것이라고 생각하기 때문이다. 대학원 과제에 대해 걱정하는 엘리야의 예를 생각해 보자. 엘리야는 '과제 마감일을 놓쳐서 낮은 학점을 받거나 발표 중 말실수를 하여 얼굴이 빨개질 것이다.'라고 생각한다. 이런 상황에서는 생각을 두 가지로 나누고, 각 부분에 대해 위에서 설명한 기법을 사용하는 것이 도움이 될 수 있다. 예를 들어, '마감 시간을 놓칠 거야'와 '말문이 막힐 거야'는 확률을 과대평가하는 경우이다. 이러한 믿음을 지지하는 증거와 반대하는 증거를 조사하고, 이러한 일이 일어날 확률을 계산하여, 이 믿음을 표적으로 삼을 수 있다. 이 일이 일어날 확률은 처음에 생각했던 것만큼 높지 않을 수 있기 때문이다. '과제 마감일을 놓쳐서 성적이 나쁠 거야.'라는 첫 번째 생각을 사용하여 이 방법을 엘리야에게 적용해 본다.

1단계에서 그는 자신의 생각을 관찰하고 불안의 다양한 요소를 확인한다. 여기에서는 연습을 위해 생각의 각 요소에 명칭을 부여한다.

상황	생각 (믿을 수 있는 정도 0-100)	신체 감각 및 감정	행동	주관적 불편감 지수 (SUDS)
수업 과제를 한다.	'제출 기한을 놓칠 것이다' (확률 과대평가) 및 '낮은 성적을 받을 것이다' (재앙적 사고)(75)	가슴 답답함 호흡곤란, 목 통증, 불안	미루기 비디오 게임하기	70

2단계에서는 자신의 생각을 관찰하고 불안의 다양한 요소를 파악한다. 엘리야가 포함할 수 있는 다른 요소들이 있는가?

'제출 기한을 놓칠 것이다'란 생각에 대한 지지 증거	'제출 기한을 놓칠 것이다'란 생각에 대한 반대 증거
마감일까지 시간이 제한되어 있다. 다른 많은 약속과 과제가 있다.	학교를 다니면서 과제를 놓친 건 단 한 번뿐이다. 마감일까지 시간이 있다.

3단계에서 엘리야는 대안적인 설명을 고려하기 시작하고, 대안에 대한 증거를 검토한다. 엘리야가 생각해 낸 대안을 직접 검증해 보자. 엘리야를 위한 몇 가지 대안을 생각해 볼 수 있는가?

대안	지지 증거	반대 증거
• 마감기한을 놓치지는 않겠으나, 아주 좋은 결과물은 아닐 것이다. • 나는 과제를 완수할 것이고, 마감기한을 놓치지 않을 것이며, 괜찮을 것이다. • 과제를 늦게 제출할 것이다. • 응급상황이 발생하여 과제를 완성하지 못해 마감기한을 놓칠 것이다.	• 나는 이 수업에서 지금까지 마감기한을 놓친 적이 없다. • 나는 이 수업에서 전에 좋은 결과를 냈었다. • 시간이 부족하다.	• 시간이 부족하다. • 과제를 완수하지 못할 정도의 응급 상황을 경험한 적이 없다.

4단계에서는 (정서적인 정보가 아닌) 실제적인 정보를 제공하여, 실제 확률을 계산한다. 이 경우, 엘리야가 얼마나 많은 과제를 했는지, 실제로 마감일을 몇 번이나 놓쳤는지 파악하여 마감일을 놓칠 가능성을 결정한다. 지금까지 학교에서 수강한 수업 수(20개)와 수업당 마감일이 몇 번인지(3개로 추정)에 따라 상황을 추정한다. 다음은 엘리야가 마감일을 놓칠 것이라는 예측을 위해 적어 놓은 내용이다.

A	[수업 과제]를 얼마나 많이 했나요? 혹은 이 생각을 얼마나 했나요?	60
B	몇 번 정도가 사실인가요? [고통스러운 결과]가 몇 번이나 있었나요?	2
C	실제 확률은 얼마인가요?("B"에서 "A"를 나눈다)	3%

마지막 단계에서 엘리야는 보다 현실적인 대안을 찾게 된다. 엘리야에게 더 현실적인 가능성은 무엇일까?

	생각	믿을 수 있는 정도
증거를 검토한 후 원래 생각의 신빙성을 평가하세요.	원래 생각: 마감기한을 놓칠 것이다.	15
보다 현실적인 가능성은 무엇인가요? 이 생각의 신빙성을 평가하세요.	대안적 생각: 마감일까지 과제를 제출할 가능성이 훨씬 더 높아 보인다.	75
앞으로 나 자신에게 어떤 말을 할 수 있나요?	과거에 이런 일이 거의 발생하지 않았기 때문에 마감일을 놓칠 가능성은 거의 없다.	80

그런 다음에, 두려워하는 결과, 즉 이 경우에는 낮은 성적을 받는 것에 대한 두려움을 해소하기 위한 작업을 할 수 있다. 엘리야의 초기 자동적 사고로 돌아가서 재앙적 사고의 요소에 초점을 맞춘다.

상황	생각 (믿을 수 있는 정도 0~100)	신체 감각 및 감정	행동	주관적 불편감 지수 (SUDS)
수업 과제를 함	낮은 점수를 받을 것이다	가슴 답답함 호흡곤란, 목 통증, 불안	미루기 비디오 게임하기	70

엘리야에게 일어날 수 있는 결과의 실제 심각도를 평가할 수 있는가?

스스로 물어보기	나의 응답
어떤 일이 일어날까 봐 두려운가요?	나는 낮은 점수를 받을 것이다.
만약 그 일이 벌어졌다면 다음에는 무슨 일이 생길까요?	교수님이 나에게 실망할 것이다.
그럼 그다음에는 어떤 일이 생길까요?	수업에서 낙제할지도 모른다.
다른 일은 생길까요?	장학금을 놓칠 것이다.

이 연습을 마친 후, 엘리야는 '재앙의 스펙트럼'에서 매우 실망스럽지만 위기는 아니기 때문에 50점이라고 판단한다.

다음으로, 엘리야는 두려워하던 결과가 실제로 일어날 경우 사용할 수 있는 대처 전략 목록을 생성한다.

스스로 물어보기	나의 응답
(우려하던 결과가) 전에 발생한 적 있나요?	평균 이하의 성적을 받은 적 있지만 낙제한 적은 없다.
전에는 어떻게 했나요?	추가 학점으로 과제를 보충했다.
이런 일이 발생하면 어떻게 할 수 있나요?	교수님과 성적 향상에 대해 이야기할 수 있다. 장학금을 받지 못하면 다른 학자금 지원을 찾아보거나 부모님께 도움을 요청할 수 있다.
이런 일이 발생하면 누구에게 도움을 받을 수 있나요?	교수님이 도와주실 것이다. 친구와 부모님께도 도움을 요청할 수 있다.
이런 일이 발생하면 어떤 기술이나 자원을 활용할 수 있나요?	대처 자원이 많다. 문제 해결에 능숙하다. (만약 장학금을 놓치면) 생활비를 줄이기 위해 다른 룸메이트를 구할 수 있다.

마지막 단계에서 엘리야는 이전 단계에서 고려한 내용을 검토하여 좀 더 현실적인 대안을 생각한다.

	대안적 생각	생각을 지지하는 정도
실제 상황은 얼마나 심각한가요? (심각도 0-100)	성적이 나쁘면 실망스러울 것이고 최악의 경우 낙제할 수 있다. 실망스러울 수 있지만 위기는 아니다.	75
	성적 향상 및 상황을 개선하기 위해 다른 방법을 찾아볼 것이고 날 도와줄 수 있는 많은 사람들이 있다.	90
자신의 대처 능력에 대해 어떻게 생각하나요?	대처 자원이 많고 문제 해결에 대한 동기가 강하므로, 어떤 일이든 대처할 수 있다.	80
앞으로 나 자신에게 어떤 말을 할 수 있나요?	낮은 성적을 받아도 세상이 끝나는 건 아니다.	80

종합해 보면, 이제 엘리야는 상황을 좀 더 현실적으로 바라볼 수 있는 몇 가지 방법을 터득하게 되었다. 마감일을 완전히 놓칠 가능성은 거의 없으며, 설사 놓친다 해도 위기는 아닐 것이다.

어떤 경우에는 생각이 확률을 과대평가하는 동시에 재앙적일 수 있다. 이 경우, 낮은 성적을 받은 것은 재앙적인 사고방식이지만 확률을 과대평가한 것일 수도 있다. 예를 들어, 마감일을 한 번 놓친다면 성적이 나쁠 확률은 얼마나 될까? 확률 과대평가와 재앙적 사고의 단계를 모두 거치면서 자동적 사고의 신빙성을 검증해 보는 것도 좋다. 두 방법 모두 불안한 상황에서 스스로에게 더 합리적이며 유용한 대안적 사고를 떠올리는 데 도움을 줄 것이다.

이와 관련하여 "확률 과대평가와 재앙적 사고의 차이를 구분할 수 없다면 어떻게 해야 하는가?"라고 질문할 수도 있다. 각 생각을 완벽하고 정확하게 분류하는 것보다, 속도를 늦춰서 자신의 생각을 알아차리고 도전하는 법을 배우는 것이 더 중요하다. 또한 사고에 도전하는 기법은 불안한 생각의 모든 유형에 충분히 효과가 있다. 가장 중요한 것은 자신의 불안한 사고 패턴을 인식한 다음, 그 생각에 도전하여 보다 현실적이거나 도움이 되는 대안적 관점을 찾아내는 것이다.

복습하기: 키포인트	• 재앙적 사고에는 상황을 견딜 수 없다고 가정하고 자신의 대처 능력을 과소 평가하는 것이 포함된다. • 두려워하는 결과의 실제 심각성을 평가하고 그 결과가 현실이 될 경우를 대 비하여 대처 전략을 파악함으로써 재앙적 사고에 대응할 수 있다. 진짜 재앙 은 드물게 나타나며, 바로잡기에 매우 어려운 상황이 수반된다는 점을 기억 하자. • 재앙적 사고에 도전하면, 두려운 결과가 발생하더라도 처음에 생각했던 것만 큼 파괴적이지는 않을 수 있음을 알 수 있다. • 불안한 생각에는 확률을 과대평가하는 요소와 재앙적 사고가 모두 포함될 수 있다. 이런 경우에는 생각을 두 가지로 나누는 것이 도움이 될 수 있다. • 생각의 함정의 두 유형을 모두 고려하고 객관적으로 그 생각들에 도전하면, 걱정스러운 생각은 결국 덜 걱정스러운 것으로 판명되는 경우가 많다. 모든 유형의 불안한 생각의 함정에 동일한 기술을 적용할 수 있다.
집에서 연습하기	• 재앙적 사고에 도전하자. 자가 모니터링을 계속하되, 이번 주에는 다음 페이 지의 재앙적 사고에 도전하기 양식을 사용한다. 세 가지 이상의 재앙적 사 고에 도전하는 연습을 해 보자. 재앙적 사고와 확률 과대평가가 모두 나타 나는 생각에는 이전 섹션의 확률 과대평가 연습을 함께 사용해 볼 수 있다.

재앙적 사고에 도전하기

1단계: 자신의 생각 관찰하기

상황	생각 (믿을 수 있는 정도 0-100)	신체 감각 및 감정	행동	주관적 불편감 지수 (SUDS)

2단계: 결과의 실제 심각도 확인하기

스스로 물어보기	나의 응답
어떤 일이 일어날까 봐 두려운가요?	
만약 그 일이 벌어졌다면 다음에는 무슨 일이 생길까요?	
그럼 그다음에는 어떤 일이 생길까요?	
다른 일은 생길까요?	

3단계: 대처 전략 확인하기

스스로 물어보기	나의 응답
[우려하던 결과가] 전에 발생한 적 있나요?	
전에는 어떻게 했나요?	
이런 일이 발생하면 어떻게 할 수 있나요?	
이런 일이 발생하면 누구에게 도움을 받을 수 있나요?	
이런 일이 발생하면 어떤 기술이나 자원을 활용할 수 있나요?	

4단계: 대안적 해석을 만들고, 초기 생각의 신빙성 재평가하기

	대안적 생각	생각을 지지하는 정도
실제 상황은 얼마나 심각한가요? (심각도 0-100)		
자신의 대처 능력에 대해 어떻게 생각하나요?		
앞으로 나 자신에게 어떤 말을 할 수 있나요?		

걱정에 대한 걱정

섹션 1 초연한 알아차림

3장에서는 ① 걱정하고 있는 나쁜 결과가 실제로 일어날 가능성과 ② 그런 결과가 일어났을 때의 대처 능력에 대해 스스로에게 질문하면서, 불안을 유발하는 생각에 도전하는 방법을 배웠다. 이것은 매우 강력한 방법이지만, 때로는 불안한 생각에 효과적으로 도전하는 것을 방해하는 다른 생각이나 신념이 있을 수 있다.

질은 오랜만에 절친한 친구 두 명을 만나 식사를 하며 그동안 못다 한 이야기를 나누려고 한다. 그녀는 오랫동안 이 저녁 식사를 기다려 왔지만, 식당에 도착하고 주말이 끝나갈 때쯤 직장에서 해야 할 발표가 떠올랐다. "아직 준비가 안 되었는데 프레젠테이션은 이틀밖에 남지 않았어! 발표를 잘 마치려면 지금 바로 준비해야 해!" 불안이 곧바로 커졌지만, 그녀는 인지 재구성 기술을 기억한다. 그녀는 내일 프레젠테이션 준비를 마칠 시간이 충분하지 않을 확률을 과대평가하고 있다는 사실을 깨닫고, 전에 프레젠테이션을 잘 진행했었다는 사실을 스스로에게 상기시켜 주었다. 이것은 어느 정도 도움이 되었지만, 준비를 해야 한다는 생각이 머릿속에 계속해서 떠오른다. 그녀는 지난 발표에서 준비가 되지 않은 것에 대해 극도로 걱정하면서 일주일 내내 준비를 했던 것을 기억해 낸다. 그 결과 질은 지금보다 더 걱정해야 하는 건 아닌지 궁금해한다. 그녀는 "예전에 걱정을 할 때 프레젠테이션이 잘되는 것 같았기 때문에, 걱정을 하는 것은 프레젠테이션을 준비하는 데 도움이 되었다."라고 생각한다. 이 생각은 밀어내려고 노력했지만 계속 떠올랐고, 친구들과 즐거운 시간을 보내기는커녕 불안감 때문에 친구들과의 만남에 집중하지 못하게 되었다. 이로 인해 그녀는 좌절감을 느꼈고, 좋은 친구가 되지 못하는 것 같아서 (또 다른 걱정거리 중 하나) 친구들이 집에 가고 싶어 할 때까지 남아 있다. 하지만 걱정은 계속해서 그녀를 괴롭혔고, 불안이 즐거운 시간을 보내는 데 방해가 되었다는 사실에 다시 한번 실망한 채 집으로 향한다.

1. 생각에 대한 신념

이번 주에는 걱정과 생각에 대한 신념인 메타인지에 대한 평가를 시작해 보려고 한다. 메타인지를 평가하는 방법을 배우는 것은 자신의 사고방식을 검토한다는 점에서 인지 재구성 과정과 유사하다. 하지만 생각의 내용이 정확한지 여부에 초점을 맞추기보다는, 걱정과의 관계, 걱정과 생각에 대한 신념이 도움이 되는지에 초점을 맞출 것이다. 예를 들어, 앞서 걱정으로 인한 실제 확률과 현실적인 결과를 살펴보았다(실제로 시험에 실패할 가능성은 얼마나 되는가? 실패하더라도 실제로 얼마나 나쁜 결과를 가져올까? 어떤 자원이 대처하는 데 도움이 되는가?). 이 섹션에서는 걱정의 내용에 도전하지 않을 것이다. 그 대신 이러한 걱정을 해야 한다는 신념에 도전해 보겠다. 이러한 신념은 불안을 유발하는 자동적 사고에 모든 주의를 집중하게 만들기 때문에 중요하다. 이 신념을 효과적으로 해결하면 불안을 극복하고 원하는 삶을 사는 것에 집중하는 데 도움이 될 수 있다.

이 점을 더 명확히 하기 위해 질의 이야기로 돌아가 보자. 저녁 식사를 하면서 업무 프로젝트에 대한 생각이 떠오를 때마다 "준비가 부족해서 프레젠테이션이 정말 형편없을지도 몰라!" 라는 불안감이 온몸에 퍼져 나갔다. 질에게 그 생각은 매우 중요하게 느껴졌다. 왜냐하면 불안 때문에 일주일 내내 준비를 하고 결국 일을 잘 진행했던 경험이 떠올랐기 때문이다. 그 결과, 그녀는 불안에 귀를 기울여야 한다고 생각했다. 또한 걱정이 도움이 된다고 믿었다. 질은 걱정이 전혀 현실적이지 않다는 것을 깨달았음에도 불구하고, "걱정"사고를 떨쳐 버리기 어려웠다.

이 예시에서 질은 불안한 생각에 대한 신념, 즉 메타인지를 가지고 있었다. 그녀는 불안한 생각에 주의를 기울이는 것이 프레젠테이션을 제대로 못할지도 모른다는 위험에 대비하는 데 도움이 된다고 생각했다. 질의 경우와 같이, 메타인지가 중요한 이유는 메타인지가 걱정 순환을 지속시키고, 제동을 걸기 어렵게 만들기 때문이다. 다음과 같은 질의 생각을 살펴보면서, 메타인지를 좀 더 구체적으로 분석해 보자.

"지난 번에는 프레젠테이션에 대해 엄청 걱정했었죠.
그래서 일주일 내내 준비에 매달렸어요. 그 덕분에 잘 해낼 수 있었어요."

질은 자신의 성공을 걱정으로 인한 준비 행동 때문이라고 생각하며 걱정의 긍정적인 가치에 대한 신념을 갖게 되었다. 이를 긍정적인 메타인지라고 하는데, 이는 걱정이 도움이 되거나 유익하다는 신념이다. 이러한 신념이 어떻게 걱정을 떨쳐 버리기 더 어렵게 만드는지 상상해 볼 수 있다. 걱정이 자신에게 도움이 된다고 생각한다면, 걱정을 완전히 떨쳐 버리고 싶지는 않을 것이다.

다음은 긍정적인 메타인지의 몇 가지 다른 예시이다. 자신에게 해당되는 사례를 찾아서 확인해 보자. 불안이나 걱정이 자신에게 도움이 된다고 느낀다면, 추가로 적어 보자.

1) 걱정에 대한 긍정적인 신념

□ 걱정은 나쁜 결과에 대비하는 데 도움이 된다.

□ 걱정은 나를 통제할 수 있게 해 준다.

□ 나쁜 결과에 대해 걱정하지 않으면 나쁜 결과가 발생했을 때 당황하게 된다.

□ 걱정은 내가 신경 쓰고 있다는 것을 보여 준다.

□ 걱정은 미래의 문제를 피하는 데 도움이 된다.

□ 걱정은 더 나은 성과를 내는 데 도움이 된다.

□ 걱정은 중요한 것을 잊지 않게 해 준다.

□ 기타: _____

이제 걱정을 멈추기가 왜 그렇게 어려웠는지 더 잘 이해할 수 있을 것이다! 걱정이 많은 사람들은 자신도 모르게 이런 신념을 가지고 있다. 걱정이 즐겁지는 않지만, 어떤 면에서는 도움이 될 수 있다. 혹은 나쁜 일이 일어날 가능성에 대해 걱정하지 않고 있다는 생각이 걱정 그 자체보다 더 무섭게 느껴질 수 있다. '모르는 악마보다 아는 악마가 낫다'는 옛 속담이 있듯이 말이다.

이에 대해 자세히 살펴보자. 걱정에 대한 이러한 긍정적인 신념은 충분히 이해할 만하지만, 불안을 효과적으로 줄이려면 그 신념이 실제로 합당한지 확인하는 것이 중요하다. 먼저, 걱정으로 인해 발생하는 비용을 생각해 보고, 그 비용이 우리가 체감하는 이득과 어떻게 비교되는지 살펴본다. 잠시 시간을 내어 걱정이 당신의 삶에 미치는 부정적인 결과(에너지 수준, 인간관계, 생산성)를 아래에 모두 나열해 본다.

2) 걱정 때문에 치르는 비용

~~~~~~

~~~~~~

~~~~~~

~~~~~~

~~~~~~

~~~~~~

~~~~~~

~~~~~~

이제 방금 전에 쓴 내용을 걱정에 대한 긍정적인 신념과 비교해 본다. 걱정을 할 만한 가치가 있어 보이는가? 그렇지 않다면, 걱정에서 벗어나기 힘들거나 기술을 사용하는 데 저항감을 느낄 때 걱정으로 인한 비용을 상기해 본다.

때때로 사람들은 걱정으로 인한 비용에 지나치게 집중하여 부정적인 결과(걱정에 대한 걱정)에 대해 불안해하기도 한다. 이러한 신념을 부정적 메타인지라고 하는데, 이를 이해하는 것도 걱정을 해결하는 데 중요한 부분이다. 이는 이 장의 두 번째 섹션에서 다룰 것이다.

2. 주의집중과 불안

걱정과 불안에 대한 신념은 우리가 주의를 기울이는 방식에 영향을 미친다. 이를 이해하기 위해, 일련의 단어들에 반응하여 자연스럽게 마음이 떠돌아다니도록 하는 자유 연상 연습을 해 보자. 아래에 있는 각각의 단어를 큰 소리로 읽고, 눈을 감은 채 10~15초 동안 마음이 어디로 가는지 단순히 알아차린 다음, 다음 단어로 넘어간다.

걱정	책임	건강
마감기한	재정	가족
계획	회피	프로젝트

이 연습을 하면서 느낀 점을 적어 보자.

~~~~~~

~~~~~~

~~~~~~

~~~~~~

~~~~~~

불안한 생각의 기차에 갇힌 자신을 발견했는가? 어떤 단어가 당신을 괴롭혔는가? 예를 들어, 질에게 '마감기한'이라는 단어는 곧 있을 프레젠테이션에 대한 생각을 불러일으키고 제시간에 모든 일을 끝낼 수 있을지에 대한 불안감을 유발할 수 있다. 마음속에서 해야 할 일이나 나쁜 일이 일어날 가능성이 떠오르지는 않나? 이것이 걱정이 잠재적인 위험으로 주의를 기울이게 하는 방법 중 하나다. 이 단어들은 많은 것과 연관될 수 있지만, 걱정을 많이 하는 사람들에게는 위험이 발생할 수 있다는 생각으로 이어질 확률이 훨씬 더 높다. 만약 걱정이 도움이 되거나 일시적으로 기분이 나아지게 만들 수 있다고 믿는다면, 당신의 마음은 잠재적 위험을 확인하는 데 특히 능숙해질 것이기 때문이다.

위협을 감지하는 것은 생존을 위해 어느 정도는 필요하다. 하지만 당신이 읽은 단어는 그저 단어일 뿐, 실제 위험을 나타내는 것은 아니다. 그러나 걱정이 도움이 될 수 있다고 믿으면, 그것이 단지 단어일지라도 잠재적 위험으로부터 주의를 돌리는 게 매우 어려워질 수 있다. 일상생활을 하다 보면 인간관계, 미래, 건강, 업무에 대해 자주 생각나게 된다. 걱정이 이러한 영역에서 나쁜 결과를 피하는 데 도움이 된다고 믿는다면, 잠재적 위험이나 상황이 나빠질 것을 경계하는 방식으로 행동할 가능성이 높다. 그리고 항상 위험을 경계하면, 보통은 대개 걱정거리를 찾을 수 있다! 친구들과 저녁 식사를 하는 동안에 질의 모습처럼, 과잉 경계는 잘못될 수 있는 모든 가능성에 대비하거나(아무리 작은 가능성이라도), 부정적인 결과에 과도하게 집중하거나, 자신의 생각과 감정을 지속적으로 점검하는 등의 행동을 유발할 수 있다.

당신은 "걱정하지 마세요." 또는 "걱정을 멈추세요."와 같은 말을 들어 본 적이 있을 것이다. 이런 방식은 보통 도움이 되지 않으며, 심지어 정말 짜증이 날 수도 있다! 걱정을 억누르거나 차단하려고 노력할수록 역설적으로 걱정은 더 커지고 통제하기 어려워진다.

이를 직접 확인하려면 다음 연습을 해 보자.

첫째, 눈을 감고 백곰을 상상합니다. 상상 속에서 곰을 선명하게 그려 보세요. 푹신한 흰색 털과 커다란 검은색 발을 상상해 봅시다. 잠시 시간을 내어 푹신한 백곰의 모습을 상상해 봅니다.

둘째, 머릿속에 백곰의 모습이 선명하게 떠오르면 1분 동안 타이머를 설정합니다. 이 시간 동안 다시 눈을 감고, 백곰을 제외하고, 당신이 원하는 모든 걸 떠올려 보세요. 백곰에 대해 생각하지 않도록 최선을 다하세요.

셋째, 백곰이 머릿속에 떠오를 때마다 다음 칸에 숫자를 표시하세요.

넷째, 준비되셨나요? 타이머를 1분으로 설정하고, 백곰을 뺀 모든 것을 상상해 보세요. 시작합니다!

무슨 일이 벌어졌는가? 백곰에 대해 적어도 두어 번은 생각해 봤을 것이다(거의 모든 사람이 그렇다). 백곰에 대해 생각하지 않았더라도, 그 생각을 하고 있지 않다는 것을 알아야만 이 연습에 성공할 수 있으므로, 어느 정도는 의식적으로 그 생각을 하고 있었던 것이다. 이것은 사고 억제의 역설적인 효과를 보여 주는 예이다. 무언가에 대해 생각하지 않으려고 노력할수록 더 많이 생각하게 된다!

이 효과는 걱정스러운 생각을 할 때 더욱 강해지는 경향이 있다. 대부분의 사람들에게 백곰은 비교적 중립적이고 정서적이지 않은 이미지이다. 그러나 앞서 읽은 단어 목록처럼, 불안한 생각을 떠올리지 않으려고 애쓴다면, 그 생각을 머릿속에서 밀어내기가 더 어려워질 것이다. 결국, 생각을 억누르는 것은 효과가 없다. 따라서 누군가가 당신에게, 혹은 당신이 스스로에게 "그냥 걱정하지 마!" 또는 "그만해!"라고 말하는 것은 도움이 되지 않는다. 좋은 의도로 해 주는 조언이고, 시도해 볼 만 하다고 생각할 수 있지만, 억압은 좋은 전략이 아니다.

3. 초연한 알아차림을 통해 주의를 조절하기[1]

사고 억제의 위험성에 대해 충분히 이해했기를 바란다. 그렇다면 대안은 무엇일까? 특히 효과적인 기술 중 하나는 초연한 알아차림(detached awareness)이다. 이는 걱정을 억누르거나 통제하려고 노력하는 대신, 걱정에 반응하지 않은 채 단순히 알아차리는 것이다. 걱정할 때 우리는 생각의 의미와 중요성에 집착하는 경향이 있으며, 그 생각에 사로잡힐 수 있다. 하지만 걱정하는 생각이 다른 어떤 생각보다 더 중요하진 않다. 그것들은 모두 그저 생각일 뿐이다.

걱정이 단지 생각일 뿐이라는 개념을 적용하기 위해 초연한 알아차림을 사용해 보자. 초연한 알아차림을 사용할 때의 목표는 생각들이 오고 가는 것을 그저 살펴보면서 멀리서 관찰하는 것이다. 자신의 생각을, 프레젠테이션이나 다른 것을 준비해야 한다는 긴급하거나 중요한 메시지가 아니라, 단순한 생각일 뿐임을 알아차리도록 노력해 본다. 생각을 그저 생각일 뿐이라고 바라보면, 생각으로부터 어느 정도 거리를 둘 수 있다.

생각과 어느 정도 거리를 두는 데 도움이 되려면, 생각이 왔다가 떠나가는 이미지를 머릿속에 그려 보는 것이 유용할 수 있는데, 이때 사용할 수 있는 몇 가지 효과적인 이미지들이 있다. 당신의 머릿속에 떠오르는 각각의 생각을 지나가는 외부 물체 위에 올려놓는다고 상상하는 것이다. 예를 들어,

첫째, 생각과 걱정을 역을 지나는 기차라고 생각해 본다. 어떤 기차는 편안하고 어떤 기차는 시끄럽고 더러우며, 어떤 기차는 눈에 잘 띄고 어떤 기차는 못 보고 지나치기 쉽고, 어떤 기차는 자주 오지만 어떤 기차는 덜 오기도 한다. 생각도 이와 같을 수 있다. 지나가는 모든 기차에 올라타는 것이 아니라, 기차가 오고 가는 것을 지켜보다가 내가 가고 싶은 곳으로 가는 기차만 타는 것이 좋다. 이렇게 하면 모든 생각과 걱정에 사로잡히지 않고 그 순간 집중하고 싶은 생각에만 집중할 수 있다.

---

1) 역자 주: 앞서 제시된 사고 억제(though suppression)와 명확히 구별되도록 번역하기 위해, 본서에서는 control을 통제 대신 조절로 번역하였다.

둘째, 생각을 시냇물을 따라 부드럽게 흘러가는 나뭇잎이라고 생각해 보자. 자신이 생각의 관찰자가 되어, 시냇물 옆에 앉아 있다고 상상한다. 각각의 생각을 나뭇잎 위에 올려놓고 물줄기를 따라 아래로 흘러가는 것을 관찰한다. 그런 다음 물줄기 위에서 다음 생각이 흘러오는 것을 관찰하고, 그 생각을 나뭇잎 위에 올려놓는 것을 상상한다(Hayes, 2005의 내용 적용).

셋째, 모래 위에 생각을 적고 밀물이 올 때마다 씻겨 내려가는 것을 관찰한다. 바닷물이 그 위로 지나가면서 각각의 생각이 사라지는 것을 관찰한다.

초연한 알아차림을 연습하기 위해, 세 가지 이미지 중 하나를 선택하거나, 더 공감할 수 있는 장면을 떠올려 자신만의 이미지를 만들 수도 있다. 떠올랐다가 사라지는 생각을 더 생생하게 상상할수록, 더 효과적이다. 요점은 단순하게 나 자신과 생각을 분리하여, 생각이 나의 감정과 행동을 통제하지 못하도록 하는 것이다. 걱정스러운 생각을 그저 생각으로 볼 수 있게 되면 이 과정이 더 쉬워질 것이다.

이제 이전에 읽었던 단어 목록으로 돌아가 본다. 이전과 같은 방법으로 단어를 소리 내서 읽은 다음 눈을 감는다. 하지만 이번에는 머릿속에 생각이 떠오를 때 그 생각이 기차, 나뭇잎, 모래 위에 쓰여진 글씨라고 상상한다. 기차가 역에 들어오고 나가는 것처럼, 시냇물에 나뭇잎이 떠다니는 것처럼, 모래 위에 쓴 글씨에 파도가 왔다 갔다 하는 것처럼 각각의 생각이 왔다가 떠나가는 것을 관찰한다. 단어 하나 혹은 문장 전체를 상상할 수도 있지만, 천천히 상상하자. 생각을 없애거나 바꾸려고 하는 것이 아니라는 점을 기억하자. 그 대신, 단순히 생각을 그저 생각일 뿐이라고 관찰하는 것이다. 같은 생각이 계속 떠오르더라도 괜찮다. 당신의 목표는 그 생각이 있다는 것을 받아들이고, 거리를 두고 계속 관찰하는 것이다.

이전과 같은 방법으로 눈을 감고 각 단어를 큰 소리로 말하는 것으로 시작해 본다. 그리고 나서 10~15초 동안 마음속에서 어떤 생각이 떠오르는지 알아차린다.

걱정	책임	건강
마감기한	재정	가족
계획	회피	프로젝트

처음 이 단어를 읽었을 때와 달라진 점을 포함하여 이 연습을 하면서 느낀 점을 적어 보자.

~~~~~~

~~~~~~

~~~~~~

~~~~~~

~~~~~~

이 책에 나오는 대부분의 기술과 마찬가지로, 이 연습은 어렵고 연습이 필요하기 때문에 처음에는 이해하지 못해도 괜찮다. 대부분의 사람이 그러하듯, 제대로 하고 있는지 의문이 들 수도 있다. 연습을 계속하면서 그 생각들도 관찰하는 연습을 해 본다! 이것은 시간이 걸리고 연습을 통해서만 향상되는 기술이다. 연습을 하다 보면 불안한 생각에서 불안하지 않은 다른 생각으로 주의를 더 빨리 옮기는 능력이 향상되고, 생각에서 거리를 두는 능력이 향상되는 것을 느낄 수 있을 것이다. 궁극적인 목표는, 처음에 어떤 생각이 떠오르는지는 통제할 수 없지만 그 생각에 어떻게 반응할지는 통제하고 결정할 수 있음을 깨닫는 것이다.

4. 걱정 조절 실험

제4장의 이 섹션을 마치기 전에, 잠시 긍정적인 메타인지로 돌아가 보자. 걱정이 도움이 된다는 신념 때문에 초연한 알아차림 같은 기술을 일상에 적용하기 어려울 수 있기 때문이다. 걱정에 치르는 비용에도 불구하고, 당신은 걱정이 여전히 도움이 된다고 느낄 수도 있다. 잠시 시간을 내서, 이것이 사실인지 생각해 본다. 의구심을 해소하는 데 도움이 될 수 있도록 걱정 조절 실험 연습을 해 보겠다. 두 가지 경험을 비교해 보자. 걱정을 많이 할 때 일어나는 일과 걱정하지 않을 때 일어나는 일, 이 두 가지를 비교함으로써 걱정의 효용을 평가할 수 있다. 걱정 조절 실험은 다음과 같이 진행된다.

다음 주 중 하루를 골라 최대한 많은 걱정을 한다. 과거의 모든 습관으로 돌아가 보자. 지금까지 배운 기술을 전혀 사용하지 않는다. 자연스럽게 걱정이 드는 만큼, 아니 조금 더 많이 걱정하되, 단 하루 동안만 걱정한다. 다음 날에는 그 반대로 걱정을 최소화한다. 그렇다고 불안과 걱정스러운 생각을 억누르라는 뜻은 아니다. 오히려 지금까지 배운 모든 기술을 최대한 활용하자. 즉, 점진적 근육 이완, 인지 재구성(확률 과대평가 및 재앙적 사고에 도전하기), 초연한 알아차림 기술을 최대한 사용한다. 걱정거리가 너무 많으면 그 걱정을 적어 두고 다음 날 해결하겠다고 스스로에게 다짐한다. 둘째 날의 목표는 새로운 기술을 모두 연습하는 데 전념하여 걱정을 최소화하는 것이므로 가능한 한 기술을 최대한 활용해 본다.

그렇다면 이 실험의 요점은 무엇일까? 긍정적인 메타인지처럼 만약 걱정이 도움이 된다면, 걱정을 최대화하면 생산성을 높이고 나쁜 결과를 예방하며 불안감을 줄일 수 있을 것이다. 반면에 걱정을 떨쳐 버리면 책임을 소홀히 하고 비생산적이라고 느낄 수도 있다. 이 연습의 요점은 자신의 신념을 시험해 보고 걱정이 한때 믿었던 것만큼 유익한지 확인하는 것이다.

이를 더 명확히 이해하기 위해 질이 걱정 조절 실험을 어떻게 사용했는지 살펴보자. 기억하겠지만, 질은 프레젠테이션을 해야 한다는 사실을 떠올리면 걱정이 커졌다.

그녀가 걱정을 해야 한다고 느낀 이유 중 하나는 걱정을 하면 준비성이 높아질 것이라고 생각했기 때문이다. 걱정 조절 실험을 마친 질은 걱정이 실제로 도움이 되는지 직접 검증할 수 있었다.

첫 번째 단계에서 질은 걱정을 최소화하기 위해 어떤 기술을 사용할지 확인했다.

멈춰야 할 걱정, 혹은 통제 행동: 프레젠테이션에 대한 과도한 계획과 리허설을 그만둘 것이다.
언제 어떻게 기술을 사용할 것인가: 초연한 알아차림 연습을 통해, 프레젠테이션이 어떻게 진행될지에 대한 걱정과 나 자신 사이에 더 많은 거리를 둘 것이다. 또한 준비를 계속하는 대신 점진적 근육 이완을 연습할 것이다.

질은 걱정을 내려놓는다는 것이 어떤 의미인지에 대해 고민했다. 그녀는 자신이 두려워하는 몇 가지 결과를 아래에 적었다.

① 프레젠테이션 준비가 충분하지 않을 것이다. 실수를 많이 해서 상사가 실망할 것이다.

② 프레젠테이션에 대해 걱정하지 않으면 사람들이 묻는 후속 질문을 준비하는 것을 잊어버릴 것이다. 그러면 대답할 말이 없어질 것이고, 사람들은 나를 무능하다고 생각할 것이다.

걱정을 최소화하는 것에 대한 두려움을 구체화한 후, 질은 걱정을 최대화할 때와 최소화할 때의 효과를 공정하게 비교하기 위해 업무량이 비슷한 이틀을 선택하여 실험을 진행했다. 또한 질은 매일 자신의 생각, 감정, 행동과 생산성을 추적했다. 이러한 것들이 날마다 어떻게 달라지는지 비교함으로써 질은 걱정의 결과가 무엇인지 파악할 수 있었다. 한번 살펴보자.

걱정 최대화	걱정 최소화
날짜: 4/7	날짜: 4/8
행동 통제(하루 일정 계획하기): 하루 종일 여러 번 프레젠테이션을 연습하고 리허설하는 시간을 계획한다.	행동 통제하지 않기(계획을 세우지 않기): 연습이나 리허설을 전혀 하지 않는다. 그 대신 기술을 사용한다.
사고: 아무리 연습해도 완벽하지 않은 것 같다.	사고: 걱정을 의도적으로 하지 않았을 때는 그다지 압도적으로 느껴지지 않았다. 초연한 알아차림은 생각으로부터 거리를 두는 데 도움이 되었다.
감정: 불안과 두려움으로 심장이 뛰었다. 신체 감각에 집중하게 되었을 때 불안감이 더 커졌다.	감정: 리허설을 하지 못하는 것에 대해 불안감을 느낄 때도 있었지만, 다른 때는 하루를 즐길 수 있었다. 점진적 근육 이완법은 심박과 같은 신체증상을 많이 느끼지 않도록 도와주었다.
그날의 생산성 점수(완료하기로 한 작업을 완료했습니까? 0~8점 척도 사용): 생산성 4점. 발표 연습을 했지만, 너무 압도적으로 느껴져서 다른 집안일이나 업무를 할 수는 없었다.	그날의 생산성 점수(완료하기로 한 작업을 완료했습니까? 0~8점 척도 사용): 생산성 5점. 발표 연습은 하지는 못했지만, 쇼핑을 하거나 빨래를 하는 등 다른 많은 일을 할 수 있었다.
하루 일과가 끝날 때의 전반적인 불안감(0~8): 6점	하루 일과가 끝날 때의 전반적인 불안감(0~8): 3점
메모: 걱정을 하면 준비가 된 것 같은 느낌이 들지만, 원하는 만큼 많은 일을 해내지는 못했다.	메모: 걱정을 내려놓는 것은 어려웠지만, 걱정을 최소화해도 생산성이 떨어지지는 않는 것 같았다.

질의 실험을 보면, 걱정이 그녀의 생각만큼 유익하지는 않음을 알 수 있다. 비록 걱정 때문에 연습을 더 많이 하게 되긴 했지만, 자신감 향상에는 도움이 되지 않았고, 결국 불안은 더 심해졌다. 또한 걱정으로 인한 행동은 빨래나 쇼핑과 같은 다른 일을 처리할 수 있는 시간을 빼앗아 갔다. 걱정이 당장은 생산적으로 느껴졌을지도 모르지만, 전반적으로는 도움이 되기보다 해가 되는 경우가 더 많았다.

이제 당신이 직접 검증해 볼 차례이다. 일주일 중 책임과 업무량이 비교적 비슷한 2일(예: 근무일 이틀)을 골라 나만의 걱정 조절 실험을 해 본다. 또한 아래 공란에 걱정을 최소화하기 위해 무엇을 할 것인지 계획해 본다. 이 섹션의 마지막 부분에 집에서 연습할 수 있는 워크시트도 있다.

멈춰야 할 걱정 혹은 통제 행동

~~~~~~

~~~~~~

~~~~~~

~~~~~~

~~~~~~

언제 어떻게 기술을 사용할 것인가

~~~~~~

~~~~~~

~~~~~~

~~~~~~

~~~~~~

추가로, 걱정을 최소화하면 어떤 일이 일어날지 예측해 본다("일을 충분히 해내지 못할 것 같다"). 다음 섹션에서 이에 대해 검토해 보겠다.

① _____

_____

② _____

_____

③ _____

_____

걱정을 최소화하는 것이 낯설게 느껴질 수 있다. 당신은 수년간 지속되어 온 걱정 습관을 바꾸고 있는 것이다. 보스턴의 코끼리 이야기를 기억하는가? 코끼리가 도시에 들어오지 못하도록 프레드가 벽에 계속 머리를 부딪쳤던 것을 기억하는가? 프레드는 자신이 머리를 계속 부딪치지 않으면 어떻게 될지 실험하지 않았다. 이 실험을 수행함으로써 당신은 프레드가 하지 않은 일을 하고 있는 것이다. 걱정이 실제로 나쁜 일이 일어나지 않도록 하는지, 아니면 생각한 것만큼 생산성을 높여 주는지 검증하게 될 것이다.

복습하기: **키포인트**	• 메타인지는 생각에 대해 지닌 개인의 신념이다. 걱정은 종종 긍정적인 메타인지, 즉 걱정이 어떤 식으로든 도움이 된다는 신념(예: "걱정은 나쁜 결과에 대비하는 데 도움이 된다")에 의해 유발되고 유지되는 경우가 많다. • 긍정적인 메타인지는 주의를 어디에 두는지에 영향을 미친다. 특히, 걱정이 도움이 된다고 믿으면 당신은 계속해서 잘못될 가능성이 있는 일에 집중하게 되고, 그 생각들로부터 벗어나기 어려워진다. • 생각을 억제하거나 차단하려는 시도는 역효과를 초래하는 경향이 있으며, 억압된 생각은 더 자주, 더 강하게 떠오른다(백곰 연습을 기억하라). • 초연한 알아차림은 사고 억제의 효과적인 대안이다. 초연한 알아차림은 생각을 밀어내거나 바꾸려고 노력하는 대신, 단순히 멀리서 그 생각을 알아차리고 지나가도록 내버려 두는 것이다. 이렇게 하면 생각이 주의를 집중시키는 통제가 줄어들고, 생각에 어떻게 반응할지 결정하는 데 도움이 될 수 있다.
집에서 연습하기	• **초연한 알아차림**: 매일 초연한 알아차림을 연습하고, 다음 페이지의 양식에 어떻게 진행되었는지 기록해 보자. 이전에 사용된 단어 목록을 가지고 계속 연습할 수 있지만, 나중에는 불안을 유발하는 일상적인 상황에서 연습하는 것으로 넘어갈 수 있다. • **걱정 조절 실험**: 걱정을 최대화하는 날과 걱정을 최소화하는 날을 선택한다. 걱정을 최소화할 방법을 계획하고 이틀 동안의 결과에 대한 예측을 이 섹션 앞부분에 제공된 공란에 적는다. 다음 페이지의 양식에서 하루하루가 어떻게 진행되었는지 검토한다. • **기술을 계속 사용한다**: 인지 재구성과 점진적 근육 이완을 더 많이 연습할수록 이러한 기술이 더욱 자동적으로 작동할 것이고, 불안을 극복하는 것에 더 가까워질 것이다.

초연한 알아차림 기록 양식

초연하게 알아차리는 것은 생각을 회피하는 것이 아니라는 점을 기억하자. 그 대신 생각을 알아차리고, 그 생각에 대한 반응을 확대하지 않으며, 사건을 경험하는 사람이 아닌 관찰자의 입장에서 바라보려고 노력하는 것이다. 아래에 초연한 알아차림 연습, 그리고 자신의 생각을 객관적으로 알아차리고 관찰하는 데 얼마나 성공했는지 기록해 본다.

날짜	초연한 알아차림을 연습한 상황을 기술해 보세요.	당신의 생각을 객관적으로 관찰하는 데 얼마나 성공했습니까?	코멘트

걱정 조절 실험

아래 양식을 사용하여 매일 걱정 조절 실험이 어떻게 진행되는지 평가한다.

걱정 최대화	걱정 최소화
날짜:	날짜:
행동 통제(하루 일정 계획하기):	행동 통제하지 않기(계획을 세우지 않기):
사고:	사고:
감정:	감정:
그날의 생산성 점수(완료하기로 한 작업을 완료했나요? 0~8점 척도 사용):	그날의 생산성 점수(완료하기로 한 작업을 완료했나요? 0~8점 척도 사용):
하루 일과가 끝날 때의 전반적인 불안감(0~8):	하루 일과가 끝날 때의 전반적인 불안감(0~8):
메모:	메모:

걱정 연기하기

　이번 섹션에서는 부정적인 메타인지에 대해 좀 더 자세히 살펴보고, 불안의 순환에서 벗어나는 데 도움이 되는 기술인 걱정 시간(worry time)을 소개하겠다. 하지만 먼저 걱정 조절 실험의 결과를 통해 걱정에 대한 또 다른 중요한 점을 강조하고자 한다.

1. 실험 검토하기

　"초연한 알아차림 장"에서 당신은 걱정을 최소화하면 어떤 일이 일어날지에 대해 몇 가지 예측을 했다. 간단히 살펴보자. 앞서 제시된 예시에서 질은 프레젠테이션을 앞둔 날 걱정하지 않으면 실수를 많이 하고 후속 질문에 대해 준비가 부족해질 것이라고 생각했다. 나중에 그녀가 이러한 예측을 어떻게 평가했는지 확인해 보자.

상황: 프레젠테이션을 앞두고 걱정을 최소화하는 기술 사용하기	
예측	실제 결과
① 프레젠테이션 준비가 충분하지 않을 것이다. 실수를 많이 할 것이고 상사는 나에게 실망할 것이다.	① 나는 실수를 한 번 했지만 아무도 뭐라고 하지 않았다. 상사는 나에게 잘했다고 말해 주었다.
② 프레젠테이션에 대해 걱정하지 않으면, 아마도 후속 질문들에 대해 준비하는 것을 잊어버릴 것이다. 나는 아무 대답도 하지 못할 것이고, 사람들은 내가 무능하다고 생각할 것이다.	② 미처 준비하지 못한 후속 질문이 하나 있었지만, 순발력 있게 생각하고 적절한 답변을 할 수 있었다. 더 많이 준비했다고 해서 더 나은 대답을 할 수 있었을 것 같지는 않았다.

　프레젠테이션을 앞둔 날 걱정을 최소화하는 것은 다소 골치 아픈 일이긴 했지만, 결과적으로 일이 잘 풀리지 않을 것이라는 예측은 사실이 아니었다. 상사는 그녀가 잘했다고 말했고, 평소

에 비해 많은 준비를 하지 않았음에도 불구하고 프레젠테이션의 후속 질문들에 대답할 수 있었다. 걱정을 내려놓는다고 해서 우려했던 부정적인 결과가 나타나지는 않았다.

비록 질이 걱정하던 일이 완전히 실현되지는 않았지만, 그녀의 프레젠테이션에서 모든 것이 완벽하게 진행된 건 아니라는 것을 눈치챘을 것이다. 그렇기 때문에, 가능한 한 객관적으로 결과를 평가하는 것이 중요하다. 질은 프레젠테이션에서 실수를 했고, 본능적으로 더 많은 준비를 해야 했다는 신호로 받아들이려고 했다. 그러나 그녀는 "실수를 많이 해서 상사가 실망할 것"을 예측했지만, 이는 분명히 발생하지 않았다. 객관성을 유지하고 큰 그림을 염두에 두려면, 3장에서 배운 기술을 사용하여 당신의 생각에 도전하는 것이 유용하다. 예를 들어, 질은 상사가 자신에게 실망할 것이라는 생각을 지지하는 증거와 반대하는 증거를 평가할 수 있다("확률 과대평가에 도전하기" 2단계 참조). 이 생각을 지지하는 증거로는 그녀가 실수를 한 번 했다는 점이 있고, 반대하는 증거로는 아무도 실수를 눈치채지 못한 것 같고 상사가 그녀에게 잘했다고 말했다는 점이 있다. 또한 그녀는 재앙화 사고에 도전하기 기술을 사용하여 부정적인 결과의 실제 심각성(후속 질문 하나에 대비하지 못한 게, 그래서 뭐 어떤가?)과 그 결과에 어떻게 대처했는지(그 자리에서 적절한 답변을 생각해 냈다)를 평가할 수 있다("재앙화 사고에 도전하기" 2단계 및 3단계 참조).

이 예시를 염두에 두고, 다음 표에서 걱정을 최소화했을 때 어떤 일이 일어날지에 대한 예측을 검토해 보자. 실제 결과를 평가할 때는 결과에 대해 객관적인 태도를 취하고 있는지, 큰 그림을 염두에 두고 있는지 확인한다. 필요하다면, 생각에 도전하기 기술을 사용한다.

상황: 걱정을 최소화하는 기술 사용하기	
예측	실제 결과

2. 걱정은 얼마나 정확한가

앞의 연습은 걱정에 주의를 기울이는 것이 중요하게 느껴지지만, 걱정이 항상 정확하지는 않다는 것을 보여 주는 예시이다. 걱정에 대한 신념들을 구체적으로 논의했지만, 마음에 떠오르는 걱정들을 모두 살펴보는 것이 중요하다. 걱정은 나쁜 일이 일어날 수 있다는 강력한 메시지를 전달하지만, 실제로 그런 나쁜 결과가 얼마나 자주 발생하는가?

이 질문에 대해 생각해 볼 때, 불안을 느끼는 많은 사람들은 즉각적으로 과거에 나쁜 일이 발생했던 때(프레젠테이션을 망쳤거나, 누군가 아팠던 일)를 떠올릴 것이다. 이러한 부정적인 사건은 기억에서 두드러지는 경향이 있는데, 이는 대비하는 데 도움이 되기 때문에 어느 정도 일리가 있다. 하지만 어떤 일을 걱정했지만 일어나지 않았던 모든 순간은 보통 기억에서 두드러지지 않는다. 다시 말하지만, 부정적인 결과가 없었던 것을 기억할 이유가 별로 없기 때문이다. 하지만 우리가 나쁜 결과들에 초점을 맞추기 때문에, 나쁜 결과가 항상 일어난다고 생각하도록 마음이 편향될 수 있다.

이에 대응하기 위한 걱정 대조 연습(worry contrast exercise)에서는 주어진 상황에서 당신의 걱정이 예측한 것과 실제로 나타난 결과를 대조한다. 그런 다음, 걱정 예측이 실제로 정확한지에 대해 도전하기 질문 기술을 사용하여 가능한 한 객관적으로 답변한다. 걱정의 정확도에 대한 데이터를 더 많이 수집하려면 이 과정을 여러 번 반복하는 것이 도움이 되므로, 이 장의 마지막에 있는 워크시트를 사용하여 집에서도 연습하는 게 좋다. 지금은 먼저 워크북에 제시된 예시를 살펴보는 것으로 시작하고, 그다음에 당신이 과거에 걱정했던 것을 떠올려 보고 걱정했던 결과가 실제로 벌어졌는지 평가해 보자. 어떤 걱정 예측을 검증할 수 있을지 확인하기 위해, 이전에 작성한 집에서 연습하기 워크시트를 살펴보는 것이 도움이 될 수 있다.

걱정 예측	실제 결과	걱정이 정확했나요? 지지 증거와 반대 증거를 평가하고, 재앙화 사고에서 벗어나 보세요.
(엘리야) 과제가 형편없어서, 매우 낮은 성적을 받고 이 과목을 재수강해야 할 것이다.	B를 받았다.	사실이 아니었다. 좋은 성적은 아니었지만, 끔찍하진 않았고, 실제로는 그 과목에서 낙제할 위험에 처하지 않았다.
(소피아) 아들이 한 시간 전에 집에 가는 중이라고 말했었다. 사고를 당한 게 틀림없다.	아들의 농구 연습이 늦게 끝났고, 친구를 데려다줘야 했다. 모든 것이 괜찮았다.	전혀 사실이 아니었다.
(질) 지난주에 고객이 보낸 이메일에 답장을 늦게 해서 고객이 화가 났다. 거래처를 잃을지도 모르고, 난 책임지게 될 것이다.	고객은 이후 이메일에서 다소 무뚝뚝해 보였지만, 다른 프로젝트에 우리를 고용하고 싶다고 이야기했다.	아니었다. 고객이 짜증이 났을 수도 있지만 확실하지는 않으며, 별일 아니었다. 고객이 우리와 계속 함께 일하고 싶어했기 때문이다.
(당신)		(당신)

제시된 예시에서 실제 결과가 항상 완전히 긍정적이기만 한 것은 아니었지만, 예측이 항상 과장되어 있었다는 점을 주목한다. 엘리야는 성적이 마음에 들진 않았지만, 예측했던 재앙은 아니었다. 질의 경우, 고객이 화가 났는지 아닌지에 대한 명확한 증거는 없었지만("화난 것 같다"는 특별히 객관적인 증거가 아니다), 고객을 잃지 않은 것은 확실했다. 오히려 그 고객은 질의 회사에 또 다른 프로젝트를 맡길 것이다. 따라서 걱정 예측에 관한 결과를 평가할 때는, 실제 예측한 것, 그리고 객관적인 태도로 모든 증거를 고려하고 있는지 여부에 주의를 기울여야 한다.

다행스럽게도 이쯤 되면 당신은 걱정이 미래를 예측하는 데 신뢰할 만한 지표가 아님을 깨닫기 시작할 것이다. 이는 걱정을 떨쳐 버리기 어려울 때 도움이 될 수 있고, 걱정 대조 연습을 더 많이 할수록 더욱 도움이 될 것이다.

계속 진행하기 전에, 마지막으로 두 가지 사항을 짚고 넘어가야 한다. 첫째, 당신은 "물론 나쁜 결과는 일어나지 않았지만, 그건 내가 예방하기 위해 무언가를 했기 때문이야. 걱정한 덕분에 조치를 취할 수 있었던 거야!"와 같은 생각을 하는 스스로를 알아차릴 수 있다. 이런 경우라면 걱정과 문제 해결의 차이점(제1장 섹션 2에서 설명한 내용)을 구분하는 것이 중요하다. 걱정은 잠재적인 문제에 관한 도움이 되지 않는 사고 반응이다. 걱정은 행동을 취하게 하기보다는 불안한 상황을 머릿속에서 계속 떠올리게 한다. 나쁜 결과를 막기 위해 적극적인 행동을 취했다면, 문제해결을 잘 한 것이다! 하지만 그렇다고 해서 반드시 걱정이 나쁜 결과를 방지했다는 의미는 아니다. 나쁜 결과를 막기 위해 무언가를 하지 않았다면 정말 나쁜 결과가 발생했을지 여부를 스스로에게 질문하는 것도 중요하다(보스턴의 코끼리 이야기를 기억하라). 이는 제6장에서 더 자세히 설명할 것이다.

마지막으로 살펴봐야 할 점은 때로는 걱정이 자기충족적 예언(self-fulfilling prophecy)을 가져올 수 있다는 것이다. 걱정으로 인한 부정적인 영향 때문에 걱정 예측이 사실로 나타날 수 있다. 엘리야는 수업 과제를 할 때 이런 일을 자주 겪는다. 과제를 제대로 하지 못할까 봐 걱정하고, 이 걱정 때문에 과제를 회피하고 집중하지 못해 결국 성적이 나빠지게 된다. 이런 상황을 보면 걱정이 미래에 대한 정확한 예측인 것처럼 보일 수 있지만, 우리가 걱정에 대처하는 기술이 없을 때 자기충족적 예언이 발생하는 경향이 있음을 명심해야 한다. 이제 불안을 관리할 수 있는 몇 가지 방법을 배웠으니, 이를 활용해 걱정의 순환이 계속되는 것을 방지할 수 있고, 걱정 사고가 전혀 정확하지 않다는 것을 스스로 증명할 수 있다.

3. 부정적인 메타인지

우리는 지난 섹션의 상당 부분을 걱정이 유용하거나 정확하다는 생각에 도전하는 데 보냈다. 하지만 그 반대편에는 부정적인 메타인지, 즉 걱정은 통제할 수 없으며 비참한 결과를 초래한다는 신념이 있다. 이러한 신념들은 종종 우리로 하여금 걱정에 대해 걱정을 하게끔 해서 불안을 증폭시키고 회피와 같은 비효율적인 행동을 가져오기 때문에 문제를 일으킨다.

예를 들어, 소피아는 수년간 전업주부로 지내다가 직장에 복귀할 생각을 하면서, 걱정이 업무

능력을 방해할까 봐 불안해한다. 그녀는 이렇게 생각한다. "실제 직장에서 모든 책임과 부담을 안게 되면 걱정을 통제할 수 없을 것이다. 걱정이 통제할 수 없이 커져서 공황을 겪을 것이다!" 그 결과, 그녀는 직장으로 복귀하고 싶어도, 복직하는 것을 회피하게 된다. 또한 걱정이 통제 불가능하며 재앙적인 결과를 초래한다는 신념이 정말로 사실인지 확인할 기회도 놓치고 있다. 따라서 부정적인 메타인지는 그녀를 걱정과 회피의 순환에 가둔다.

그리고 부정적인 메타인지는 걱정을 하기 시작할 때 불안을 심화시킬 수도 있다. 예를 들어, 엘리야는 시험을 볼 때 종종 불안을 경험한다. 이는 정상적인 반응이지만, 불안이 시험 성적, 특히 중요한 정보에 집중하고 기억하는 능력에 큰 영향을 미칠 것이라고 확신하게 되면 더 큰 문제가 된다. 그 결과, 자신이 시험을 치르면서 걱정하고 있음을 알아차리면 그는 걱정에 대해 재앙적 사고를 하기 시작한다. "너무 불안해서 이번 시험을 진짜 망쳐 버릴 거야. 걱정을 전혀 통제할 수 없을 것이고, 내가 해야 하는 것들에 집중할 수도, 기억할 수도 없을 거야. 난 끝났어!" 라고 생각하면서 말이다.

이런 생각이 어떤 영향을 미치는지 상상할 수 있을 것이다. 불안하면 시험을 잘 볼 수 없을 거라고 스스로에게 계속해서 말하고, 시험 문제를 푸는 것만큼 오랜 시간을 불안에 대해 생각하면서, 엘리야의 불안은 계속 증가하게 된다. 결국 걱정의 비참한 결과에 대한 부정적인 신념으로 인해, 비교적 정상적인 수준의 시험 불안이 걱정의 소용돌이로 바뀌고, 엘리야는 시험에서 좋지 않은 성적을 거두게 된다.

걱정에 관한 부정적인 메타인지와 싸우는 방법을 살펴보기 전에, 걱정의 부정적인 결과에 관한 몇 가지 신념에 대해 간단히 자가 평가를 해 본다. 아래 목록(Wells와 Cartwright Hatton, 2004에서 각색)에서 자신에게 해당되는 신념에 체크하고, 걱정의 부정적인 결과나 걱정을 통제할 수 있는 능력에 대한 부정적인 신념을 추가로 작성한다.

1) 일반적인 부정적 메타인지

☐ 걱정스러운 생각은 아무리 멈추려고 해도 계속된다.

☐ 걱정이 시작되면 멈출 수 없다.

☐ 걱정 때문에 병에 걸릴 수 있다.

☐ 걱정하는 생각을 무시할 수 없다.

☐ 걱정이 나를 미치게 만들 수 있다.

☐ 걱정은 나에게 위험하다.

☐ 기타: _____

☐ 기타: _____

☐ 기타: _____

이제 이러한 신념이 걱정에 어떤 영향을 미치는지 스스로 생각해 본다. 불안감을 느낄 때 이러한 신념이 불안을 증가시키는가? 걱정을 통제할 수 없을 것 같다는 생각 때문에 하고 싶은 일을 피하게 되는가? 당장 깨닫지 못하더라도 불안감이 높은 사람이라면 이러한 질문에 대해 '그렇다'고 대답하는 경우가 많으므로, 이러한 신념과 싸우는 방법에 대해 계속 읽어 보자.

4. 걱정 방해하기

걱정이 정말 통제할 수 없는 것인지 더 잘 이해하기 위해 다음 시나리오를 상상해 보자.

> 당신은 혼자 집에 있고, 걱정을 하고 있다. 당신의 마음은 불안한 생각에 완전히 사로잡혀 있고, 몸은 긴장되어 있으며, 호흡은 얕아지고, 집 안을 돌아다니며 해야 할 모든 일에 대해 생각하면서 심장이 뛰는 것을 느낄 수 있다. 그러다 갑자기 초인종이 울린다. 살펴보니 1년 동안 보지 못한 친한 친구다.

이 시나리오에서 걱정은 어떻게 될까? 걱정이 사라지지 않겠는가? 적어도 잠시 동안은 아마 완전히 사라질 것이다. 더 이상 걱정거리에 집중하지 않고 문 앞에 있는 친구에게 주의를 돌릴 것이기 때문이다.

이제 문 앞에 있는 친구 대신, 가족이 병원에 입원했으니 즉시 오라는 전화를 받았다고 생각한다면 어떻게 될까? 그러면 당신의 주의는 어떻게 될까? 여전히 해야 할 일이 많다고 걱정할까, 아니면 병원에 있는 가족 곁으로 가는 데 집중할까?

이 두 가지 시나리오 모두에서 당신은 주변에서 일어나는 일로 주의를 옮기게 될 가능성이 높으며, 그렇게 함으로써 걱정에 대한 통제력을 발휘하게 된다. 이는 실제로 당신이 불안한 생각을 멈추고 주변 상황에 몰입할 수 있을 만큼 스스로의 걱정을 충분히 통제할 수 있다는 것을 보여 준다. 정말 중요한 일이 닥쳤을 때는 이걸 더 쉽게 할 수 있지만, 걱정을 하는 때에도 늘 같은 원리가 적용된다. 걱정은 우리가 주의를 어디에 두느냐에 따라 영향을 받는다. 예를 들어, 초연한 알아차림 기술로 돌아가 생각해 보자. 당신은 걱정 사고와 같은 자신의 생각을 멀리서 관찰하는 법을 배웠다. 이것은 주의를 전환할지 말지, 어떻게 주의를 전환할지를 결정함으로써, 걱정을 통제할 수 있는 능력을 보여 주는 또 다른 예시였다. 걱정은 통제할 수 없는 것처럼 느껴질 수 있지만, 주의를 다시 집중하면 언제든지 방해할 수 있다.

5. 걱정 선택하기

주의가 걱정에 미치는 영향을 설명하기 위해 다른 활동을 해 보겠다. 이 연습에서는 알람이 1분 후에 울리도록 준비한다. 이 1분 동안 가능한 한 많은 걱정을 할 것이다. 스트레스를 받고 걱정하고 있는 모든 것들을 머릿속에서 계속 떠올려 본다. 준비됐는가? 알람을 설정하고, 걱정해 보자!

[1분 경과]

자, 걱정 시간이 끝났다. 무슨 일이 있었나? 걱정할 수 있었나? 대부분의 사람들, 특히 자주 불안해하는 사람들은 '예'라고 대답한다! 이 활동은 특별히 재미있지는 않지만 걱정을 어떻게 통제할 수 있는지를 보여 준다. 당신은 걱정하기로 선택했다. 당신의 삶에서 잘못될 수 있는 모든 것들에 주의를 집중함으로써 걱정을 늘릴 수 있었다. 이는 실제로 걱정이 우리 삶을 지배할 때 우리가 자주 하는 행동을 보여 준다. 항상 그렇게 느껴지지는 않을 수 있지만, 우리는 걱정하기로 선택하는 것이다. 불안한 생각에 대한 반응으로, 그 생각에 대응하는 다른 방법이나 주변 상황에서 벗어나서, 걱정 쪽으로 주의를 기울이기로 결정한 것이다.

이러한 생각들은 걱정하는 스스로를 비난하려는 것이 아니다. 걱정을 통제하는 것은 어려우며, 특히 잘 습관화된 사고패턴일 때는 더욱 그렇다. 우리가 걱정하기로 선택한 것이라는 생각은 오히려 우리에게 힘을 부여해 줄 수 있다. 우리가 걱정하기로 선택한 것이라면, 걱정하지 않기로 선택할 수도 있다. 주의를 다른 곳으로 돌려서 걱정의 순환을 끊을 수 있다. 사실, 이 글을 읽고 있는 당신은 방금 그렇게 한 것이다! 조금 전까지만 해도 당신은 걱정을 하다가, 알람이 울리자 이 페이지에 주의를 다시 집중하기로 선택하고 계속 읽었다. 물론 알람이 도움이 되긴 했지만, 당신은 계속 걱정을 할 수도 있었을 텐데, 그렇게 하는 대신 워크북으로 다시 돌아오기로 결정했다. 불안한 생각이 떠오르는 것 자체는 통제할 수 없지만, 그 생각에 어떻게 반응하는지는 통제할 수 있다. 이 사실을 기억하면, 걱정은 통제할 수 없는 일이며 재앙적인 결과를 초래한다는 부정적인 신념에 도전하는 데 도움이 될 수 있다.

6. 걱정 연기하기

그렇다면 불안한 생각에 대한 반응을 통제할 수 있다는 통찰을 어떻게 활용할 수 있을까? 꽤 도움이 될 수 있는 기술로는 걱정 연기하기가 있다. 걱정 연기하기는 하루 중 특정 30분 동안만 걱정을 허용하는 시간으로 지정하는 것이다. 여기서 중요한 점은 하루 중 떠오르는 모든 걱정을 지정된 "걱정 시간"으로 연기해야 한다는 것이다.

이것이 왜 도움이 될까? 첫째, 걱정을 하루 중 특정 시간으로 통합하면 하루의 나머지 시간 동안 더 중요한 일에 집중할 수 있는 자유를 얻을 수 있다. 또한 걱정을 나중으로 미룰 수 있을 만큼 충분히 통제할 수 있다는 것을 스스로 증명하는 데 도움이 될 수 있다. 걱정이 정말 중요하다고 느껴지고 떨쳐 버리기 어려운 경우, 나중에 걱정해도 된다고 스스로에게 말한다면 주의를 다른 곳으로 돌리는 것이 좀 더 쉬워질 수 있다. 시간이 지남에 따라, 걱정을 연기하면서 걱정을 통제하는 능력에 대한 자신감이 높아지고, 불안한 생각으로부터 다른 곳으로 주의를 전환하는 연습을 더 많이 할 수 있게 된다.

걱정 연기하기가 효과가 있는 또 다른 이유는, 보통 지정된 "걱정 시간"에 이르게 되면 사람들은 걱정할 내용을 잊어버리거나 그 내용이 더 이상 중요해 보이지 않기 때문이다. 걱정거리는 그 순간에는 매우 긴급하고 중요해 보이지만, 시간이 지나고 거리가 멀어지면 그 중요성이 감소한다. 따라서 걱정 시간이 되었을 때, 더 이상 걱정해야 한다고 느껴지지 않는다면 당신은 걱정할 필요가 없다. 걱정거리가 여전히 중요하다고 느껴진다면, 스스로에게 걱정하도록 허용하면 된다.

　만약 걱정 시간 외의 시간에 걱정하는 자신을 발견한다면, 혹은 그냥 걱정하는 것인지 실제 문제에 대응하는 것인지 확신하기 어렵다면, 가장 먼저 스스로에게 물어봐야 할 질문은 "지금 당장 이 문제를 해결해야 하는가?"이다. 일반적으로 대답은 '아니요'이다. 하지만 긴급한 문제라면, 걱정하지 말고 문제를 해결해 본다(해결책을 향해 적극적인 조치를 취하기). 그러나 기다릴 수 있는 문제라면, 걱정을 걱정 시간으로 미루고, 그 대신 그 순간 가장 중요한 일에 주의를 다시 집중한다. 가까운 미래에 처리해야 할 일이 걱정된다면, 언제 문제를 해결할지 계획을 세운 다음 현재에 집중한다. 아래 그림에 제시된 과정을 보면, 당신이 무엇을 해야 할지 결정하는 데 도움이 될 것이다.

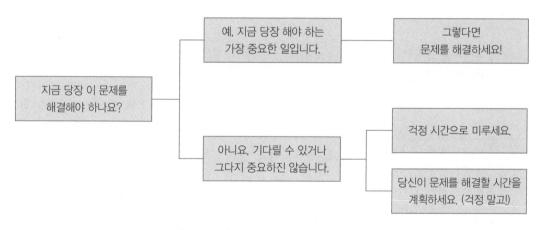

[그림 4-1] 걱정 연기하기 의사결정 나무

　이 과정을 더 자세히 알아보려면 엘리야의 걱정 연기하기 기록지를 참조한다(이 장의 마지막에 있는 워크시트를 사용하여 집에서 연습할 수 있다).

걱정 연기하기 기록

정해 둔 걱정 시간: 오후 7:00~7:30

요일 및 시간	걱정 사고	당시의 강도 (0–10)	지금 이 문제를 해결해야 하나요? 그렇다면, 해결하세요. 그렇지 않다면, 연기하거나 계획을 세우세요.	걱정 시간 동안 강도 (0–10)
화, 오전 1시	다음 주에 집세를 내야 하고, 신용카드 대금은 계속 늘어나고 있다. 통장에 돈이 얼마나 있는지조차 모르겠다.	7	아니다. 잠을 자는 것이 더 중요하다. 내일 저녁에 재정을 살펴보고 계획을 세울 것이다.	4. 여전히 재정 상황을 걱정하긴 하지만, 지난 밤만큼은 아니어서 계획을 세우는 데 도움이 되었다.
수, 오전 10시	지난주에 제출한 과제는 형편없었고, 그 수업에서 나쁜 성적을 받게 될 것이다.	6	아니다. 지금 듣고 있는 수업에 집중해야 한다.	5. 여전히 성적에 대해 불안감을 느끼긴 하지만, 적어도 이에 대해 걱정하는 데 모든 수업 시간을 허비하지는 않았다.
수, 오후 4시	교수님께서 이메일에 답장하지 않으셨다. 아마 내가 그 수업을 들을 자격이 없다고 생각하시는 것 같다.	6	아니다. 지금 당장은 운동을 하는 데 나의 에너지를 집중해야 한다.	1. 지금 보니 꽤 어리석은 걱정이었다.

보다시피, 재정 문제에 대한 엘리야의 걱정에는 해결해야 할 실제 문제가 포함되어 있다. 하지만 한밤중에는 그렇지 않다. 그래서 그는 언제 이 문제를 해결할 것인지 계획을 세웠고, 걱정을 조절하는 데 도움이 되었다. 걱정 시간이 돌아왔을 때, 그는 여전히 약간 불안했지만 전날 밤만큼은 아니었다. 또 다른 걱정거리는 제출한 과제에 대한 걱정으로, 이는 걱정 시간에도 여전히 걱정거리였다. 하지만 그 걱정을 연기한 결과, 그는 그날 일찍이 수업에 더 집중할 수 있었다. 마지막으로, 교수님이 이메일에 답장을 보내지 않은 것에 대한 걱정은 그날 오후에는 완전

히 비합리적으로 보였으므로, 그 걱정을 연기한 것이 특히 도움이 되었다.

복습하기: **키포인트**	• 걱정은 미래의 결과를 정확하게 예측할 수 없다. 이를 입증하는 유용한 방법 중 하나는 걱정이 미래에 대해 어떤 예측을 하는지 추적해 보고 이를 실제 결과와 비교해 보는 것이다. • 부정적인 메타인지란 걱정은 통제할 수 없거나 불행한 결과를 초래한다는 신념이다. 이러한 신념은 잠재적인 스트레스 상황에 대해서 도움이 되지 않는 회피로 이어지거나, 불안감을 느낄 때 걱정을 증폭시킬 수 있다. • 걱정은 때때로 통제할 수 없는 것처럼 느껴지지만, 현재 순간에 일어나고 있는 일에 주의를 돌림으로써 중단할 수 있다. 주의를 어디에 집중할지 선택할 수 있기 때문에 걱정을 통제할 수 있다. • 걱정을 하루 중 특정 시간으로 연기하는 것("걱정 시간")은 가장 신경 쓰이는 일에 집중할 수 있도록 여유를 확보할 수 있게 도와준다. 보통 "걱정 시간"이 돌아오면 이전의 걱정은 더 이상 중요하지 않게 느껴진다.
집에서 연습하기	• **걱정 대조 연습**: 어떤 걱정이 떠오르면 그로 인해 미래에 발생할 것이라 예측되는 내용을 걱정 대조 워크시트에 적어 보자. 이후 실제 나타난 결과가 예측과 어떤 차이가 있는지 평가해 본다. 과거의 상황을 회고해서 이 작업을 할 수도 있다. • **걱정 연기하기**: 매일 20~30분 정도를 걱정할 수 있게 허용하는 시간으로 정한다(잠자리에 들기 직전은 안 된다). 다른 모든 걱정은 그 시간으로 미뤄야 한다. 걱정 연기하기 기록지를 사용해 걱정 시간을 늦춘 후 걱정의 강도가 어떻게 변하는지 추적하고, 걱정이 즉시 해결해야 하는 긴급한 문제인지 아니면 다른 시간으로 연기할 수 있는 문제인지 살펴본다. • **기술을 계속 사용하기**: 불안에 효과적으로 대응하기 위해 필요에 따라 점진적 근육 이완, 인지적 재구성, 초연한 알아차림 기술을 계속 사용한다.

걱정 대조 워크시트

걱정 예측	실제 결과	걱정이 정확했나요? 지지 증거와 반대 증거를 평가하고, 재앙화 사고에서 벗어나 보세요.

걱정 연기하기 기록

정해 둔 걱정 시간:

요일 및 시간	걱정 사고	당시의 강도 (0~10)	지금 이 문제를 해결해야 하나요? 그렇다면, 해결하세요. 그렇지 않다면, 연기하거나 계획을 세우세요.	걱정 시간 동안 강도 (0~10)

두려운 시나리오 및 심상에 직면하기

지난 3, 4장에서는 걱정스러운 생각에 도전하고 거리를 두는 데 도움이 되는 방법에 초점을 맞추었다. 다음 5, 6장에서는 두려움에 정면으로 마주할 때 얻을 수 있는 이점과 효과적으로 직면하는 방법에 대해 알아볼 것이다. 하지만 먼저 걱정에 대해 조금 더 이야기해 보겠다.

앞서 설명한 것처럼 걱정은 잠재적인 문제에 대한 도움이 되지 않는 사고 반응으로, 시나리오를 부정적으로 해석하도록 한다. 걱정은 본질적으로 언어적인 경향이 있다(즉, 대부분의 걱정은 부정적인 결과를 초래할 수 있는 사건을 단어와 문장을 사용하여 처리한다). 언어는 친구가 될 수 있지만, 불안에 대해서는 무기로 사용될 수도 있다. 두려운 상황을 지나치게 언어적인 방식으로 처리하는 것은 회피의 한 형태로 작용할 수 있기 때문이다.

이렇게 생각해 보자. 최악의 시나리오를 언어로 떠올리는 것과 그 상황을 생생하게 담은 영화를 보는 것 중 어떤 것이 더 어려울까? 대부분의 사람들은 생생한 영상과 음향 효과가 훨씬 더 강한 감정을 불러일으키기 때문에 영화가 훨씬 더 힘들다고 말한다. 따라서 부정적인 시나리오가 떠오를 때 언어를 사용하여 걱정하는 것은, 두려운 결과의 심상에 직면하지 않도록 스스로를 보호하기 위한 자연스러운 반응이다. 이는 두려운 시나리오를 완전한 강도로 경험하지 않도록 도와준다. 이제 걱정은 회피라는 것을 쉽게 알 수 있다! 소피아에 대해 생각해 보자.

소피아는 최근 큰아들이 대학 봄방학 동안 뉴올리언스로 여행을 떠난다는 소식을 들었다. 이를 기쁘게 생각하면서도, 여행 기간 동안 매일 전화를 걸어 괜찮은지 안심시켜 달라고 아들에게 부탁했다. 하지만 아들이 뉴올리언스로 떠나는 날, 그녀는 아들에게서 아무런 소식을 듣지 못했다. 소피아는 애써 냉정하게 생각하여 자신의 재앙적 사고에 도전하려고 했지만, 비행 다음 날에도 여전히 연락이 없자 아들이 무사히 도착했다는 어떤 신호라도 찾아보고 싶은 충동에 사로잡혔다. 그녀는 필사적으로 온라인 검색을 하여 비행기 사고에 대한 보고가 없는지 확인했다. 마음속에서 다음과 같은 생각들이 자동적으로 떠올랐다. "만약 비행기가 추락했는데 정부에서도 아직 모르고 있다면 어떡하지? 아니면 술을 너무 많이 마셔서 병원에 입원했을 수도 있잖아!" 불확실한 상황이었던 소피아는 최악의 시나리오와 재앙을 비교적 쉽게 상상할 수 있었다. 소피아는 이런 무서운 시나리오를 견딜 수 없었고, 이런 재앙적 심상이 생각을 지배하는 것을 피하기 위해 아들이 괜찮을 거라는 확신을 갖자고 스스로에게 말했다. 오후가 되었는데도 아들에게서 연락이 없자 소피아는 아들에게 장문의 문자 메시지를 보냈고 아들이 전화를 받을 때까지 계속 전화를 걸었다. 아들에게서 잘 있고 전화하는 것을 잊었을 뿐이라는 말을 들었을 때는 물론 안도했지만, 초조한 마음에 너무 많은 시간을 허비한 것에 화가 났다.

소피아는 걱정을 하고 있었다. 당신도 공감할 수 있을 것이다. 걱정은 단기적으로는 생산적인 것처럼 느껴질 수 있지만, 기저의 두려움과 불안을 의미 있게 다루지는 못한다. 이에 대해 무엇을 할 수 있을까? 걱정 사고를 표적으로, 노출 치료 원리를 사용할 수 있다. 전통적으로 치료자들은 노출 치료를 사용하여 사람들이 직접 두려움을 마주하게 함으로써 공포증을 극복하도록 돕는다. 거미공포증이 있는 사람은 먼저 거미 사진을 보고, 유리병에 담긴 거미를 보고, 마지막으로 살아 있는 거미를 손에 쥐게 될 수 있다. 두려움을 피하는 대신 두려움에 접근하도록 가르치면, 두려워하는 상황이 실제로는 안전하다는 것을 배울 수 있다. 이것은 매우 중요한 개념이지만, 때로는 사람들이 완전히 받아들이기는 어려운 개념이므로 조금 더 자세히 살펴보겠다.

1. 왜 두려움에 직면해야 할까

두려운 상황에 직면하거나 두려운 상황에 대해 생각할 때, '두려움에 직면하기, 혹은 회피하기'라는 두 가지 상황에 직면하게 된다. 회피는 단순히 상황을 피하는 것뿐만 아니라 안심을 구하기, 과도하게 준비하기, 혹은 불안을 회피하기 위해 다른 일을 하기 등의 행동도 포함될 수 있다. 회피는 단기적으로는 기분을 나아지게 하지만, 상당한 비용을 치르게 된다. 아래에서 회피의 결과를 추적해 보자.

회피는 일시적으로 불안을 줄여 준다. 하지만 다음에 그 상황이나 생각에 직면하게 되면 어떻게 될까! 두려움은 다시 치솟는다. 매번 계속 회피할 수도 있지만, 그 상황에 직면할 때마다 두려움은 다시 찾아올 것이다. 사실 회피는 두려움을 더욱 악화시키는 경향이 있다. 왜냐하면 회피하는 것은 기본적으로 그 상황이 실제로 위험하다는 것을 뇌에 알리기 때문이다. 예를 들어, 소피아가 아들의 안전에 대해 안심을 구하기 위해 끊임없이 문자를 보낸다면, 아들이 괜찮다고 답장을 보내지 않을 때, 그녀는 아들이 안전하지 않은 것처럼 느끼게 된다. 또한 회피가 가져오는

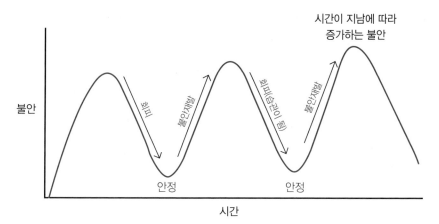

[그림 5-1] **불안의 회피 모델**

안도감도 기분이 좋기 때문에(적어도 회피하지 않을 때에 비해서는), 습관이 된다.

이제 다음 그래프를 통해, 두려움에 직면했을 때 어떤 일이 일어나는지 살펴보자.

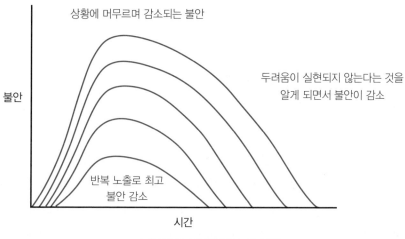

[그림 5-2] **불안의 노출 모델**

이 경우 두려운 시나리오에 직면하고, 불안이 커지지만 회피하지는 않는다. 어떤 일이 일어 날까? 불안감은 계속 높아지겠지만 무한정 높아지지는 않을 것이다. 결국에는 불안감이 비슷한 수준에 머물 것이고, 그러고 나서는 심지어 내려가기 시작할 것이다. 그 자체로만 보면, 피하는 것보다 크게 나아 보이지 않을 수도 있다. 하지만 두려운 상황에 다시 한번 접근하게 되면, 상황이 나아진다. 두려움의 최고점이 낮아지고, 노출이 지속되는 동안 불안이 더 많이 감소한다. 이 과정을 반복하면, 결국 공포 반응은 최소화되고, 더 이상 회피하고 싶은 충동을 느끼지 않게 된다.

왜 이런 일이 일어날까? 두려운 상황을 회피하지 않고 반복해서 직면하게 되면, 두려워하는 일이 실제로 일어나지 않거나 두려워했던 것만큼 나쁘지 않다는 것을 알 수 있게 된다. 본질적으로, 당신의 뇌는 이 상황에서 울린 경보시스템이 잘못된 신호이며, 실제로 위험에 처한 게 아니라는 것을 깨닫게 된다. 또한 지금 겪고 있는 불안이 모든 대가를 치르면서까지 피해야만 할 것이 아니라, 견딜 수 있고 해롭지 않은 것임을 알 수 있다. 이러한 경험을 통해 자동적인 공포 반응은 점진적으로 가라앉게 된다.

1) 최악의 시나리오에 직면하기

노출 기법을 적용할 수 있는 방법에는 두 가지가 있다. 하나는 당신이 두려워하는 실제 상황이나 대상에 직면하는 것이다. 이를 행동 노출이라고 하며, 이는 제6장에서 살펴보겠다. 두 번째 방법은 이미지를 사용하여 마음속에 있는 최악의 시나리오에 직면하는 것이다(심상 노출).

최악의 시나리오를 상상하는 것은 매우 어렵게 느껴질 수 있지만 광장히 강력한 효과를 가져올 수 있다. 최악의 두려움을 생생하게 심상화하면서 그 두려움에 집중하면, 불안이 생각만큼 감당할 수 없는 것은 아니라는 것을 배울 수 있다. 두려운 시나리오의 심상은 그저 심상일 뿐이라는 것을 알게 된다. 이러한 심상은 실제 상황이 아니기 때문에, 앞에서 살펴보았던 그래프에서와 같이 마음이 이에 익숙해지면 고통이 줄어들게 된다. 시간이 지나면서, 최악의 시나리오에서 비롯된 걱정과 걱정으로 인한 행동의 강도도 감소한다.

이 기술은 지금까지 연습했던 다른 모든 기술과는 상당히 다르다. 지금까지 사용해 온 기술들, 즉 신체적 이완이나 인지적 재구성과 같은 방법들은 불안을 감소시키는 데 표적을 둔 것들이다. 독감에 걸렸을 때 약을 복용하는 것처럼 말이다. 하지만 심상 노출은 이미 아프고 나서 약을 복용하는 것이 아니라, 독감 백신을 접종하는 것과 비슷하다. 백신을 접종한다고 해서 당장의 증상이 치료되는 것은 아니지만, 장기적으로 독감(이 경우, 걱정과 불안)에 대한 면역력을 강화할 수 있다. 처음에는 매우 어렵지만, 연습하면 장기적으로 불안감이 크게 줄어드는 것을 느낄 수 있다.

2) 심상은 왜 도움이 되는가

이건 충분히 궁금할 만한 질문이다! 가장 무서운 것을 시각화하는 심상을 사용하여, 걱정이 사라진다는 걸 믿기 어려울 수 있다. 많은 사람들은 심지어 걱정이 더 커질 것이라고 예상하기도 한다. 이러한 우려가 충분히 이해되지만, 심상이 도움이 되고 회피에서 벗어나게 해 주는지에 대해서는 구체적인 이유가 있다.

걱정은 언어에 기반한 과정이라는 점을 기억해 보자. 걱정은 단어와 문장을 통해 두려움을 표현하기 때문에, 두려움을 전면적으로 직면하지 않아도 된다. 언어에 기반한 걱정(또는 다른 형태의 회피)으로 심상을 떠올리길 피하는 대신, 심상 노출은 이러한 심상에 접근하여 두려움을 극복하는 데 도움을 준다. 심상은 언어를 회피 기술로 사용하지 못하게 하기 때문에, 당신이 가장 두려워하는 것이 정말로 견딜 수 없는 것인지를 배울 수 있다.

3) 시각화 연습하기

심상 노출에 뛰어들기 전에, 시각화 연습을 하면 나중에 할 연습에 더 잘 몰입할 수 있다. 성공적인 시각화를 위해서는 높은 수준의 선명도와 지속적인 주의력이 모두 필요한데, 당신은 자신이 시각화의 특정 요소에 다른 요소들보다 더 쉽게 반응한다는 것을 알게 될 수도 있다. 더 불쾌한 시나리오를 상상하기 전에, 요령을 익힐 수 있도록 중립적인 장면을 심상화하는 것으로 시작해 보자.

아래 스크립트를 읽고 가능한 한 자세하게 그 장면을 시각화해 보자. 스크립트를 읽은 후에는 눈을 감고 상상력을 발휘하여 그 속에 최대한 몰입해 보자. 정말 그곳에 있는 것처럼 느껴 보는 것이다.

여러분은 물이 졸졸 흐르는 강변에 앉아 있습니다. 강 바로 근처에는 절벽이 있고, 그 절벽에는 폭포수가 바위 능선을 넘어 아래 물웅덩이로 쏟아져 내립니다. 바위에 부딪히는 물소리가 졸졸 소리를 내며, 폭포의 물안개가 얼굴에 닿습니다. 피부에 시원한 촉촉함이 느껴지고, 공기 중의 소금 냄새가 느껴집니다. 햇빛이 안개 구름을 비추고, 금빛으로 반짝이는 물이 보입니다.

① 그 장면이 얼마나 생생했는지 0(이미지 없음)에서 100(현장에 있는 것처럼 생생함)으로 평가하세요.

_____

② 몇 번이나 주의가 분산되었나요?

_____

③ 어떤 장면에서 가장 상상하기 쉬웠나요?

_____

_____

④ 어떤 장면에서 가장 상상하기 어려웠나요?

_____

_____

이 장면을 시각화하는 게 어려웠다면, 시각화는 연습이 필요한 기술이라는 점을 기억해 보자. 또한 장면의 일부 요소(시각, 청각, 촉각)가 뚜렷했다면, 그 요소에 더 집중하여 장면을 더욱 생생하게 만들 수 있다. 이는 나만의 심상을 만들 때도 중요하다. 이 연습이 어려우면 몇 번 더 연습하여 시각화 능력을 향상시켜 보자.

2. 심상 노출

시각화 연습을 통해 약간 연습을 했으니, 이제 무엇을 심상화할지 결정할 차례이다. 첫 번째 단계에서는 가장 빈번하고 성가신 걱정의 기저에 있는 최악의 두려운 시나리오를 파악한다. 일상적인 걱정이 우리를 괴롭히는 이유는, 그것이 현실이 된다면 훨씬 더 심각하고 재앙적인 일이 될 것 같기 때문이다. 이러한 근본적인 걱정을 핵심 공포(core fears)라고 한다. 예를 들어, 물건을 살 때마다 걱정을 많이 하는 사람은 과소비로 인해 가족이 재정적으로 파탄에 이르고 그 결과 가족이 노숙자가 될 것이라는 핵심 공포를 가지고 있을 수 있다. 다른 핵심 공포로는, 심각한 질병에 걸려 만족스러운 삶을 살지 못하는 것, 학교 성적이 너무 나빠서 대학에서 퇴학당하고 진로가 완전히 망가지는 것 등이 있을 수 있다.

걱정 영역의 기저에 존재하는 핵심 공포를 파악한 후에는 "만약 이것이 현실이 된다면 어떤 모습일까?"라고 질문하여 두려움을 좀 더 구체화할 수 있다. 워크북에서 몇 가지 추가적인 예를 살펴보자.

1) 소피아

걱정하는 주제: 아들의 안전

핵심 공포: 큰아들에게 끔찍한 일이 일어날 것이고, 그건 내가 아들의 안전을 충분히 살피지 못했기 때문이다.

최악의 시나리오: 아들이 휴가 가서 술을 너무 많이 마시는 바람에 병원에 입원을 했고, 내게 전화를 하지 못했다. 사람들은 아들을 살펴보지 않고 새로운 도시로 휴가를 가게 한 나를 비난한다.

2) 엘리야

걱정하는 주제: 학교 성적

핵심 공포: 불안과 미루기 행동 때문에 학업을 마치거나 의미 있는 일을 성취할 수 없을 것이다. 나는 실패자가 될 것이고 아무도 나와 관계를 맺고 싶어 하지 않을 것이다.

최악의 시나리오: 미뤄 둔 과제에서 낙제하고 대학원 지도교수로부터 학교를 떠나야 한다는 통보를 받았다. 학위도 없고, 빚을 다 갚지도 못했으며, 여자친구도 나를 떠난다.

위의 각 예를 통해서, 매일 걱정하는 주제가 훨씬 더 큰 걱정거리와 연결되는 것을 알 수 있다. 소피아의 경우, 아들에 대한 걱정은 아들에게 일어나는 모든 일에 대해 자신이 책임을 져야 한다는 두려움에서 비롯된다. 엘리야에게 학교에 대한 걱정은 실패하면 관계를 잃을지도 모른다는 두려움과 연결된다. 이러한 최악의 시나리오를 상상하는 것은 다소 잔인해 보일 수 있지만, 심상 노출을 통해 핵심 공포를 덜 무섭게 만들면 일상적인 걱정에서 많은 힘을 빼는 데 도움이 될 수 있다. 심상 노출은 두려움의 표면이 아니라 그 근원에 다가가기 때문에, 가장 강력한 도구 중 하나이다.

3) 최악의 시나리오

이제 최악의 시나리오를 살펴본다. 먼저 일반적인 걱정 주제를 선택한 다음, 걱정 연쇄의 끝으로 가서 "일어날 수 있는 최악의 상황은 무엇일까?" 또는 "이렇게 되면 뭐가 그렇게 나쁠까?"라고 스스로에게 물어보면서 핵심 공포를 파악해 본다. 핵심을 파악하기 위해 스스로에게 여러 번 질문해야 할 수도 있다. 이는 재앙화 사고를 확인할 때 스스로에게 던졌던 질문과 비슷하지만, 이번에는 이러한 생각에 맞서려고 하는 것은 아니다. 오히려 이 최악의 시나리오가 현실이 된다면, 그게 과연 자신에게 무엇을 의미하는지를 생각해 본다. 핵심 공포에 도달하는 데 도움이 될 것이다. 그런 의미로는, 종종 실패자가 되는 것, 만족스럽지 않은 삶을 사는 것, 중요한 일을 놓치는 것, 다른 사람의 고통에 대한 책임과 같은 것이 있다. 이러한 생각을 하는 게 힘든 일이라는 것을 잘 알고 있지만, 강력한 방법이 될 수 있으니 계속해 보자!

핵심 공포를 파악했다면, 앞에서 했던 것처럼 최악의 시나리오가 실현되는 구체적인 심상이나 장면을 떠올려서 더 구체적으로 만들어 본다. 과거에 머릿속에 떠올랐지만, 너무 무서워서 밀어내려고 했던 무서운 심상일 수도 있다. 자세한 내용은 나중에 작성할 것이므로 이 시점에서 시나리오에 대해 너무 많이 정교화할 필요는 없다. 아래에서 세 가지 시나리오를 떠올려 보자. 걱정거리 중 일부는 동일한 핵심 공포와 연결된다는 것을 깨달을 수도 있다.

걱정하는 주제	핵심 공포	최악의 시나리오

3. 심상 노출 스크립트 만들기

최악의 시나리오를 살펴봤다면, 이제 그 장면을 생생하게 상상할 수 있도록 스크립트를 만들어야 한다. 이것은 마치 영화에서 몇 분간의 액션을 묘사하는 장면을 쓰는 것과 같다. 다음은 가장 효과적인 스크립트를 만들기 위한 몇 가지 지침이다.

① "나"를 사용하여 1인칭으로 작성하세요.

② 현재 시제로 작성하세요(예: "나는 직장에서 집으로 돌아오고 있다⋯⋯.").

③ 감각을 사용한 세부 사항을 사용하여 장면을 채우세요.

- 불안이나 기타 감정의 신체적 느낌(예: 심장이 두근거림)
- 주변 환경에 대한 자세한 심상
- 기타 감각(소리, 냄새, 촉감)

④ "돈을 벌기 위해 무엇을 할지 걱정이다."와 같이 해당 장면에서 걱정되는 생각을 단순히 나열하지 마세요. 불안을 언어적으로 표현하는 방식을 넘어서 심상으로 만들려고 한다는 점을 기억하세요.

⑤ 사건의 의미를 파악하세요(예: "이것은 내가 실패했다는 의미다").

어떻게 작동하는지 더 잘 이해할 수 있도록 소피아의 시나리오 예시를 살펴보자.

나는 집안 거실에 앉아서 청구서를 납부하고 있는데 뉴올리언스에 있는 번호로부터 전화가 걸려 온다. 심장이 뛰기 시작하고, 큰아들에 대한 소식을 예상하며 자리에서 일어난다. 전화를 받자 간호사가 아들이 알코올 급성중독으로 병원에 입원했다고 말한다. 간호사는 아들의 위가 팽창되어 있고 상태가 좋지 않다고 말한다. 나는 속이 울렁거리고 거실 소파에 주저앉는다. 너무 놀라서 아무 말을 할 수가 없다. 간호사는 아들의 상태를 자세히 설명한 후 단호한 목소리로 "나라면 대학생 아들을 혼자 뉴올리언스에 보내지 않았을 거예요. 아들을 더 주의 깊게 살펴봐야죠." 라고 말한다. 그 말을 듣는 순간 온몸에 불안감이 엄습한다. 이건 다 내 잘못이다. 아들을 보내지 말았어야 했는데 난 정말 무책임한 엄마다. 정신이 흐릿해진다. 방향 감각을 잃을 것 같다. 손에 들고 있던 휴대폰이 떨어진다. 옆 테이블에 놓인 사진 속 큰아들의 웃는 얼굴을 보며 후회와 부끄러움에 휩싸인다.

상상하기 힘든 장면이지만, 몇 가지 세부 상황이 이 장면을 효과적으로 만들고 있다. 우선, 소피아가 있는 주변 환경(거실, 아들의 사진)을 세부적으로 묘사함으로써 소피아가 실제로 상상할 수 있는 장면을 만든다. 또한 소피아의 신체 감각(심장이 두근거림, 속이 울렁거림)과 행동(소파에 주저앉기, 전화기 떨어뜨리기)도 묘사한다. 마지막으로, 이 장면은 최악의 시나리오의 의미를 매우 뚜렷하게 만든다. 간호사는 아들에게 일어난 일이 단지 비극적인 사건이라고 하는 것이 아니라 소피아가 무책임했다고 이야기하는데, 이것이 소피아의 핵심 공포를 촉발시켰다.

1) 당신의 스크립트

첫 번째 스크립트의 경우, 최악의 시나리오를 되돌아보고 가장 고통이 적을 것으로 예상되는 시나리오를 선택한다. 조금 더 쉬운 시나리오부터 시작하는 것이 가장 좋은데, 고통의 정도가 낮은 상황에서 심상 노출의 절차와 세부 사항을 숙달할 수 있으며, 이를 통해 가장 큰 두려움에 효과적으로 심상 노출을 사용할 가능성이 높아지기 때문이다.

아래 공란에 최악의 시나리오의 한 장면을 작성해 보자(아직은 시각화하지 않는다). 앞에서 설명한 지침을 따르고 소피아의 장면을 예로 사용해 본다. 그리고 최악의 시나리오가 현실적으로 일어날 수 있는 일인지 확인해 본다. 그렇지 않으면 효과가 없을 것이다. 이런 내용을 글로 쓰는 것조차 혼란스러울 수 있지만, 이것이 노출을 통해 두려움을 극복하기 위한 첫걸음이다.

장면1 :

----

4. 심상 노출을 위한 단계

드디어 첫 심상 노출 스크립트가 완성되었다! 이 연습을 지속하는게 불안하다면, 노출 연습을 하고 두려움에 반복적으로 직면하면, 시간이 지날수록 감정적 고통은 감소할 것이고 심상은 그저 심상에 불과해질 것임을 기억하자. 두려운 심상을 직면함으로써 그 심상이 가진 의미를 바꿀 수 있으며, 이는 두려움이 당신을 지배하는 힘을 없애 줄 것이다.

다음 단계를 따라 심상 노출을 진행한다. 이 심상 노출 절차는 근거 기반 치료 지침(Craske & Barlow, 2006)에서 파생된 것이다. 방해 요소가 없는 편안한 환경에서 이 절차를 시도하는 것이 가장 좋다. 4단계에 5분 알람을 설정할 수 있도록 타이머나 시계를 미리 준비한다.

① 심상에 대한 설명을 읽은 다음 눈을 감고 그 장면이 지금 일어나고 있는 것처럼 상상합니다. 가장 생생하게 떠오르는 장면의 세부 사항(신체적 느낌, 보이는 것, 들리는 것, 개인적인 의미)에 집중하세요.

② 약 30초 후, 다음의 주관적 불편감 척도(SUDS)를 사용하여 고통 수준을 평가하고, 심상의 생생함을 평가하세요.

[그림 5-3] 주관적 불편감 척도

- 주관적 불편감 척도(SUDS)[0(고통없음)~100(극심한 고통)]:

- 생생함[0(이미지 없음)~100(실제 그곳에 있는 듯한 느낌)]:

③ 심상이 불분명하거나 생생함 척도에서 50점 미만으로 평가된 경우, 관찰자(3인칭)가 아닌 참여자(1인칭)가 되어 현재 시제로 사건을 상상하는 데 1~2분 정도 더 시간을 할애하세요. 스크립트에 더 많은 감각적 세부 사항(보이는 것, 들리는 것, 느껴지는 것)을 추가하여 더 생생하게 만들 수도 있습니다.

④ 정서를 불러일으키는 생생한 심상(SUDS에서 50 이상의 불안 유발)을 찾으면 5분 동안 심상을 관찰합니다. 노출을 하는 동안 시계를 보지 않도록 5분이 다 되면 알람이 울리도록 타이머를 설정합니다. 사건을 상상하면서 심상을 통해 어떤 정서가 나타나든 스스로 경험하도록 허용하세요. 보이는 이미지, 혹은 정서적으로나 신체적으로 경험되는 것을 바꾸려고 하지 마세요. 가장 중요한 것은 심상과 불안을 온전히 마주하는 것입니다. SUDS 수준을 다시 평가해 봅시다.

심상 후 SUDS:

~~~~~~

⑤ 5분간 심상 노출을 완료한 후 스스로에게 다음 질문을 해 봅니다.
- 이 사건을 상상했다는 이유로, 이 사건이 실제로 일어날까?
- 실제로 이런 일이 일어날 확률은 얼마나 될까?
- 이 사건이 실제로 일어난다면, 그 결과에 대처하기 위해 무엇이 필요할까?
- 한 달 후, 몇 달 후, 1년 후, 심지어 10년 후에는 어떻게 대처할 수 있을까?
- 상상한 상황의 의미를 스스로 지나치게 확대하고 있지는 않은가?

이러한 질문을 던지는 목적은 앞서 이 책에서 배운 것처럼 현실적인 사고 전략을 키우고, 그것이 사실이 아닌 심상일 뿐임을 인식하기 위해서이다. 모든 질문이 반드시 도움이 되는 것은 아니므로, 도움이 되는 질문에만 집중한다.

5. 노출을 검토하고 다음 단계로 나아가기

제일 먼저, 가장 두려운 일을 해낸 스스로를 축하해 주자! 노출이 진행되는 동안 심상에 조금이나마 익숙해져서 SUDS 등급이 낮아졌기를 바란다. 그렇지 않더라도 낙심하지 말자. 지금까지 배운 모든 것과 마찬가지로 심상 노출에는 반복이 필요하며, 불안감이 현저하게 감소하려면 몇 차례의 반복이 필요할 수 있다.

둘째, 노출을 올바르게 하고 있는지 확인하는 것이 중요하다. 심상 노출 중에 주의를 분산시키거나 심상의 가장 어려운 부분을 상상하지 않거나 더 좋은 결과가 나오도록 장면을 바꾸는 것과 같은, 회피 행동을 사용하고 있지는 않은지 자문해 본다. 심상 노출을 하는 중에 5단계("실제로 일어날 확률은 얼마나 될까?")의 질문을 생각하는 것도 회피 행동일 수 있으므로 이 단계로 일찍 넘어가지 않는다. 회피를 하고 있음을 알아차리면, 연습하는 동안 가장 어려운 부분을 포함하여 두려운 심상을 계속해서 떠올리도록 스스로에게 상기한다. 생생함은 100점 만점에 50점

이상이어야 한다는 점을 기억한다.

다음 주에는 더 이상 고통스럽지 않을 때까지 방금 상상한 최악의 시나리오에 계속 노출해 본다. 목표는 심상에 지루함을 느끼는 것이다. 5장 마지막에 있는 심상 노출 기록 양식에서 진전 상황을 기록할 수 있다. 한 시나리오의 SUDS 점수가 25점 이하가 되면, 가장 어려운 최악의 시나리오로 새 스크립트를 만든다. 스크립트를 최대한 효과적으로 만들려면 "심상 노출 스크립트 만들기"의 지침을 따른다.

장면 2 :

장면 3 :

복습하기: **키포인트**	• 걱정은 그 자체로 회피 행동의 일종이다. 걱정은 최악의 시나리오가 현실화 되는 두려운 상황을 직면하기보다 단어와 언어를 사용한다. • 두려움을 반복적으로 직면하면 불안이 줄어들 것이다. 두려움을 직면하면, 두려워했던 일이 견딜 수 있고 일어날 가능성이 낮다는 것을 배울 수 있다. • 심상 노출에는 최악의 시나리오가 실현되는 상황을 생생하고 자세하게 상상 하는 것이 포함된다. 심상 노출은 걱정과 달리 두려움에 직면하는 것이므로 장기적으로 걱정을 줄이는 데 도움이 된다. 두려운 심상을 충분히 오래 떠올 리면 그 심상이 힘을 잃고 관련된 걱정이 줄어든다. • 심상 노출을 할 때는 주의를 분산시키거나, 장면을 바꾸거나, 심상의 쉬운 부 분에만 집중하는 등의 회피 행동을 버리는 것이 중요하다.
집에서 연습하기	• **시각화 기술**: 문제가 있다면 중립적인 장면으로 시각화 기술을 연습한다. • **심상 노출 연습**: 직접 만든 스크립트로 매일 5분씩 심상 노출 연습을 하고, 다음 페이지의 기록 양식에서 진행 상황을 따라가 본다. 많은 양처럼 느껴 질 수 있지만 일관성 있게 수행해야 성공할 수 있다. 한두 번만 하는 것은 도움이 되지 않을 수 있다. 목표는 SUDS 점수가 25점이 될 때까지 동일한 심상을 계속 상상하는 것이다. • **새로운 심상 노출 스크립트**: 상상한 다른 최악의 시나리오로 두 개의 새 스 크립트를 만든다. 한 스크립트에 대한 반응이 SUDS 25점 이하가 되면, 다 음으로 가장 어려운 스크립트로 노출을 시작한다. 한 시나리오에서 생생한 장면을 만드는 게 어려웠다면 다른 시나리오로 바꿔서 시도해 볼 수 있지 만, 충분히 노력을 기울였는지 확인해 보자.

심상 노출 기록 양식

노출이 이루어지는 동안 SUDS가 도달한 최고 수준과 연습이 종료될 때의 수준을 추적한다. 또한 심상이 얼마나 생생했는지 평가한다(>50을 목표로). 마지막으로, 주의를 분산시키거나 쉬운 장면에만 집중하는 등의 회피 행동을 사용했는지 확인한다.

날짜	시나리오	최고점 SUDS (0~100)	종료시점 SUDS (0~100)	생생함 (0~100)	회피 행동 (예 / 아니오)

행동을
변화시키기

불안으로 유발된 행동, 즉 불안 때문에 하고 있는 행동에 중점을 두고 질, 엘리야, 소피아의 사례를 살펴본다. 이 장에서는 불안으로 인한 행동을 예로 들어, 당신만의 행동 변화 계획을 세우는 데 도움을 준다.

질(Jill)

질은 점진적 근육 이완법 연습을 꾸준히 하고, 주중에 나타나는 부정적인 사고에 도전하기 위해 노력했다. 그러나 주말에는 여전히 다음 주를 걱정하면서 많은 시간을 보낸다. 이번 주에는 상사 앞에서 또 다른 프레젠테이션을 앞두고 있어 유난히 "초조한" 기분이 든다. 초연한 알아차림 기술을 사용하여 걱정에 대해 객관적으로 관찰하려고 노력하지만, 잠시 동안만 도움이 될 뿐 걱정은 다시 밀려온다. 질은 친한 친구와 브런치를 먹고, 책 모임에서 읽어야 할 소설을 마무리하는 등 좋아하는 것들에 집중하면서 주말을 보내고 싶지만, 불안한 마음에 자꾸 업무에 대해 생각하고 준비하게 된다. 휴대폰에서 다음 주 일정을 수시로 확인하는 데 많은 시간을 할애하고, 회사에서 메일이 왔는지 이메일을 수시로 새로고침하면서 확인한다. 상사 앞에서 발표해야 하는 프레젠테이션을 위해 슬라이드에 많은 양의 메모를 적고 계속 메모를 다시 읽어 보지만, 내용을 다 이해하지 못하거나 기억하지 못할 것 같다. 그 결과, 질은 다음 주에 대해 압도감을 느끼고 걱정하고 있다.

엘리야(Elijah)

엘리야는 학업에 대한 회피와 불안이 어느 정도 나아졌는데, 이는 주로 수업에 실패할 가능성과 결과에 대해 "인지 재구성"을 성공적으로 사용했기 때문이다. A 이하의 성적이 재앙이 아니라는 사실을 스스로 상기시키고, 학업에 대해 걱정할 때 마음챙김 호흡을 연습함으로써, 학업에 더 집중하고 제시간에 과제를 마칠 수 있었다. 심지어 그는 최근 몇 가지 과제에서 긍정적인 피드백을 받기도 했다! 그러나 신용카드와 학자금 대출명세서를 보는 건 아직 너무 불안하기 때문에, 계속 회피하고 있다. 그는 여자친구가 재정에 대한 이야기를 꺼낼 때마다 짜증을 내고, 불안감을 털어놓는 데 어려움을 겪고 있다. 그는 이것을 더 잘 인식하게 되었고, 불안 문제로 인해 여자친구가 자신을 떠날 것이라는 자동적 사고를 많이 한다는 것을 깨달았다. 그러나 이런 깨달음은 회피 사고 습관을 버리는 데는 도움이 되지 않았다. 또한 그는 여전히 잠을 잘 자지 못하고, 불안한 생각을 피하기 위해 TV로 주의를 분산시킨다.

소피아(Sofia)

소피아는 자녀들, 특히 이제 막 대학에 진학한 큰아들의 안위에 대해 끊임없이 걱정하고 있었다. 소피아는 아들의 안전에 대해 생각을 바꾸는 인지 재구성 연습을 하려고 노력해왔지만, 여전히 매일 여러 번 전화하고 문자를 보내고 있다. 심상 노출 연습 후, 자녀가 답장이 없을 때 더 이상 최악의 상황을 가정하지는 않지만, 답장이 올 때까지 확인하려고 한다. 또한 그녀는 마감기한을 지키거나 간단한 업무를 하는 사소한 일에도 쉽게 압도당한다고 느낀다. 일을 끝낼 시간이 부족하다고 느끼고, 항상 기한을 잘 지킴에도 불구하고 무언가에 늦을지도 모른다고 생각하면서 일을 한다. 근육 이완을 연습한 이후, 그녀는 이전에 큰 걱정이었던 두통과 목 통증이 나아졌음을 알아차렸다. 증상이 나아진 덕분에 인터넷에서 신체질환을 검색하는 시간이 줄었고 병원 예약을 잡는 횟수도 줄었지만, 여전히 가끔 이런 행동을 하는 자신을 발견하기도 한다.

1. 불안의 행동적 요소

워크북에 등장한 친구들은 기술을 사용하여 긍정적인 진전이 있었지만, 여전히 걸림돌이 되는 것은 불안으로 인한 행동을 많이 하는 것이다. 당신도 그럴 수 있다. 이 장에서는 불안을 유지시키는 행동에 초점을 맞춰 보겠다.

제1장에서 살펴보았듯이, 불안의 행동적 요소는 불안한 감정으로 인해 당신이 하게 되는 행동을 의미한다. 행동에는 일반적으로 관찰할 수 있는 행위가 포함되는데, 질이 독서 모임을 위해 책을 읽거나 친구들과 외출하는 대신 이메일을 계속 새로고침 하고 일정을 반복해서 확인하는 것과 같은 행동이다. 그러나 눈에 거의 띄지 않거나 내적인 행동도 행동에 포함될 수 있다. 예를 들어, 질은 컴퓨터 앞에 앉아 프레젠테이션을 잘못하면 어떻게 될지 생각만 하고 있을 수 있다. 이 경우의 걱정은 행동이다. 여기서 걱정은 특정 상황에 대한 대응하는 행동으로 생각할

수 있다. 질은 프레젠테이션을 잘하기 위한 전략을 세워 문제 해결을 하기보다, 걱정을 하고 있다. 걱정을 하는 동안 그녀가 생각하는 내용("나는 이번 프레젠테이션을 엉망으로 할 거야")은 불안의 인지적 요소이지만, 걱정하는 행위는 행동이다. 개인적 가치와 목표에 더 부합하도록 이 행동을 바꾸려고 할 때, 도움이 되지 않은 행동과 걱정을 분류하는 것이 중요하다.

다음은 제1장에서 처음 논의했던 불안과 관련된 일반적인 행동 목록이다. 다시 한번 이 항목들을 검토하여 자신이 하고 있는 행동에 체크해 보고, 다른 행동이 생각나면 목록에 추가해 보자.

- ☐ 미루기
- ☐ 다른 사람에게 안심을 구하기
- ☐ 감정을 분출하기
- ☐ 과도하게 준비하거나 지나치게 찾아보기
- ☐ 걱정하기
- ☐ 계속해서 확인하기
- ☐ 극도로 신중하게 생각하기
- ☐ 주의를 분산시키기(TV, 대화, 인터넷 등)
- ☐ 상황을 회피하기
- ☐ 술을 마시거나 다른 약물 사용하기
- ☐ 안정감을 주는 대상과 항상 가까이 있거나 안전 물품을 소지하기
- ☐ 다른 사람에게 업무 위임을 거절하기
- ☐ 기타: ⁓⁓⁓
- ☐ 기타: ⁓⁓⁓
- ☐ 기타: ⁓⁓⁓

2. 불확실성에 대한 인내력 부족

우리는 왜 이런 행동을 할까? 불안 행동을 하는 주된 이유는 불확실함을 견디지 못하거나 삶의 불확실함에 대처하지 못하기 때문이다. 직면해 보자. '삶은 예측할 수 없다.' 미래를 내다볼 수 있으면 좋겠지만, 그럴 수 없다. 어떤 일의 결과를 확신하고 싶지만, 그럴 수 없다. 불확실성에 대한 인내력 부족은 불확실함이나 모호함이 나쁘다는 신념에서 비롯된다. 불확실성의 정의는 좋은 것도, 나쁜 것도 아닌, 단지 알 수 없는 것이다. 그러나 불안한 사람들은 불확실성을 부정적이거나 위협적으로 인식한다. 불확실성에 대한 인내력 부족은 걱정이라는 엔진의 연료다. 불안한 사람들, 특히 지나치게 걱정하는 사람들은 불확실함을 견디기 어려워할 가능성이 높다. 질의 경우에서처럼, 그들은 불확실함을 회피하거나 없애기 위한 방법으로 모든 것을 계획하거나 준비하려고 한다. 범불안 장애인 사람들은 일반인이나 다른 불안 장애인 사람들보다 더 불확실함을 견디기 어려워한다. 불확실함을 견디기 매우 어려워하는 사람들은 부정적인 사건이 발생할 확률이 아무리 낮아도 조금도 용납할 수 없다고 생각한다. 불확실함은 부정적이고, 스트레스가 되고, 혼란스러우며, 피해야 하는 것으로 여긴다.

만약 일반적인 불확실한 상태가 혐오스럽고 위협적이라면, 걱정은 모든 결과에 대해 정신적으로 계획하고 대비하여 불확실성을 줄이는 전략이 된다. 범불안 장애가 있는 사람들은 불확실함을 줄이거나 아예 피하기 위해 안전 추구 행동을 한다. 예를 들어, 앞에서 언급한 행동(다른 사람에게 안심 구하기, 재확인하기, 과도하게 정보를 찾아보기, 미루기, 새로운 상황을 회피하기) 등이 있다. 그 사람들은 이러한 행동을 하면서, 일상생활에서 최적으로 기능하기 위해서는 바람직하지 않은 상태인 불확실성을 가능한 한 최소화해야 한다는 신념을 유지한다.

분명히, 대부분의 사람들은 흔히 불확실함에 대해 어느 정도 불편해한다. 우리는 모든 행동을 그저 무작위로 결정하지는 않는다. 어느 레스토랑에 갈지, 프레젠테이션에 사용할 수 있는 프로젝터가 있는지, 언제 시험이 있는지 등을 미리 알고 싶어 한다. 이에 대해 알고 있는 것이 준비되지 않은 상태보다 훨씬 편하게 느껴진다.

불확실함에 대한 인내력 부족은 땅콩 알레르기 같은 알레르기 증상과 비슷하다. 만약 불확실함에 대해 알레르기가 있는 경우, 아주 적은 양으로도(공기 중에 땅콩 가루만 뿌려도) 불쾌한 부작용(불안)을 경험할 수 있으며, 불확실성이 클수록(땅콩을 통째로 먹을수록) 더 많은 불안감을 경험할 수 있다. 일반적으로 불안한 사람은 누구나 이 알레르기 경향이 있지만, 정도는 사람마다 다르다. 불확실성에 대한 인내력 수준을 확인하려면 다음 질문을 생각해 보자.

① 100% 확신하는 것을 모두 목록으로 작성해 보세요.

② 생각나는 게 있나요? 우리가 100% 확신할 수 있는 것을 떠올리는 게 왜 이렇게 어려울까요? 그렇게 확신할 수 있는 것이 거의 없기 때문일까요? 실제로 우리는 수천, 수백만 가지의 불확실성을 자연스럽게 수용하고 있는 것일까요?

③ 만약 불확실성에 대한 인내력 부족이 걱정이라는 엔진의 연료라면, 확실성을 높이거나 인내력을 키우는 방법을 선택할 수 있습니다. 어떤 전략을 사용해 왔는지 생각해 보세요. 그게 불안을 줄이는 데 도움이 되었나요? 미래에 대한 불안을 줄이는 데 도움이 되었나요? 불확실성을 인내하지 못하는 것이 불안을 줄이는 데 효과가 없었다면 대안은 무엇일까요?

불확실성에 대처하는 것은 삶에서 피할 수 없는 부분이다. 우리는 미래를 볼 수 없기 때문에, 어떤 일이 일어날지 확신할 수 없다. 그러므로 불확실성에 대한 인내력을 키우는 것이 확실성을 갖기 위한 노력보다 더 나은 전략이다. 인내력을 키우는 것은 언제나 가능하지만, 완전히 확실해지는 것은 불가능하기 때문이다. 따라서 이 치료의 목표 중 하나는 불확실성에 대한 태도를 바꾸는 것이다. 걱정을 하면 당신의 두려움이 진짜인지 아닌지 알 수 없기 때문에, 불확실성에 노출되는 행동 실험에 참여하여 부정적인 신념을 검증하는 것이 좋다. 실험 후에는 두려워했던 결과가 실제로 일어났는지, 어떻게 대처했는지 생각해 본다. 이에 대해서는 회피 행동과 불안 간의 은밀한 관계를 살펴본 후에 더 자세히 논의해 보겠다.

3. 회피 행동

불안 행동은 대개 불안을 낮추려는 시도가 실패했을 때 나타난다. 불안을 느끼는 것은 불쾌하기 때문에, 우리는 당연히 불안을 회피하고 싶어 한다. 불확실함을 싫어하기 때문에, 자연스럽게 상황에 대한 확실성을 갖기 위해 노력한다. 안타깝게도, 불안을 회피하거나 완전한 확실성을 가지려는 시도는 특히 장기적으로 효과가 없는 경우가 많다. 사실 회피는 불안이 지속적인 문제가 되게 하는 주요 원인 중 하나이다. 회피가 어떻게 작동하는지 이해하기 위해 먼저 회피의 의미에 대한 제1장의 정의를 다시 한번 살펴보겠다.

회피는 불안을 감소시키기 위해 어떤 행동을 하거나 하지 않는 것이다.

질의 예시에서 어떤 형태의 회피를 볼 수 있는가? 목록에서 해당 항목을 체크하고 다른 항목을 추가해 보자.

☐ 미루기
☐ 다른 사람에게 안심을 구하기
☐ 감정을 분출하기
☐ 과도하게 준비하거나 지나치게 찾아보기
☐ 걱정하기
☐ 계속해서 확인하기
☐ 극도로 신중하게 생각하기
☐ 주의를 분산시키기(TV, 대화, 인터넷 등)
☐ 상황을 회피하기
☐ 술을 마시거나 다른 약물 사용하기
☐ 안정감을 주는 대상과 항상 가까이 있거나 안전 물품을 소지하기
☐ 다른 사람에게 업무 위임을 거절하기

☐ 기타: 〰〰〰〰〰〰〰〰〰〰〰〰〰〰〰〰〰〰〰〰〰〰〰〰〰〰〰〰〰〰〰〰〰
☐ 기타: 〰〰〰〰〰〰〰〰〰〰〰〰〰〰〰〰〰〰〰〰〰〰〰〰〰〰〰〰〰〰〰〰〰
☐ 기타: 〰〰〰〰〰〰〰〰〰〰〰〰〰〰〰〰〰〰〰〰〰〰〰〰〰〰〰〰〰〰〰〰〰

4. 행동 변화와 노출을 통해 불안에 직면하기

이제 불안의 세 가지 요소로 돌아가서 이 요소들이 서로 어떻게 영향을 미치는지 요약해 보자. 제1장에서 불안의 인지적, 신체적, 행동적 요소가 어떻게 상호작용하여 불안의 악순환을 형성하는지에 대해 살펴보았다. 아래 그림으로 질의 상황을 설명할 수 있다.

제5장에서 살펴보았듯이, 노출 연습은 회피나 확인 행동을 하지 않더라도 실제 재앙이 발생할 가능성은 낮다는 것을 배우는 기회가 된다(예를 들어, 질이 매시간 이메일을 10번 확인하지 않더라도, 상사가 해고하지 않을 가능성이 높다). 노출 연습을 통해 불안을 경험하는 일상에서 지금까지 배운 불안 관리 기술을 연습할 수 있다. 불안으로 인한 걱정은 완전히 현실적이지 않은 경우가 많으며, 걱정하면서 시간을 보내는 것은 온전한 삶을 사는 데 방해가 되고 해롭다. 불안이

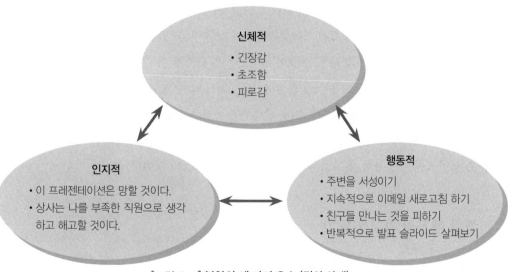

[그림 6-1] 불안의 세 가지 요소 (질의 사례)

어떻게 당신의 발목을 잡고 있는지를 깨닫는 게 어려울 수 있다. 제5장에서는 두려운 시나리오를 시각화하고 반복적인 심상 노출을 통해 불안이 감소하는 것을 살펴보았다. 이제 행동 노출을 연습할 것이다. 즉, 회피하지 않기를 반복적으로 선택하고, 두려운 시나리오가 실제로 실현되는지 시험하는 연습을 할 것이다. 이 과정은 어렵지만, 꾸준히 하면 시간이 지남에 따라 불안이 감소한다. 행동 노출은 불확실성에 대한 인내력 부족에서 벗어나 불확실성을 견디는 단계로 나아가는 과정이다.

5. 행동 노출 연습하기

행동 노출을 연습하기 위해서는 현재 자신의 삶을 온전히 살아가는 데 방해가 되는, 불안을 회피하는 행동을 모두 살펴보고, 이를 대신하여 실천할 수 있는 더 효율적인 대안을 만들어야 한다. 처음에는 회피 행동을 하지 않고 대안 행동을 하는 것이 매우 어렵겠지만, 반복적으로 연습하면 더 쉬워진다.

노출은 어렵지만 보람이 있다. 새로운 기술을 배울 때와 마찬가지로, 초반에는 연습이 필요하고 어색하게 느껴질 수 있다. 자전거를 처음 타거나 자동차를 처음 운전했을 때를 생각해 보자. 저절로 자연스러웠는가? 아니다! 목표에 도달하려면 시간과 연습이 필요하다.

또한 확인 행동의 일부는 중요하거나 가치 있는 행동일 수 있음을 인정해야 한다(건강이 좋지 않은 경우 건강을 살피는 행동을 하는 것이 합리적이며, 위험한 지역에 거주하는 경우 가족의 안전을 더 걱정하고 주의 깊게 확인하는 것이 합리적이다). 노출의 주요 표적은 현재 상황에 대한 과도한 두려움과 걱정이다(예를 들어, 모든 일을 완벽하게 처리하지 않으면, 직장을 계속 다니는 것이 정말 위태로워질까?). 이러한 두려움을 표적으로 하여, 가벼운 불안을 유발하는 시나리오부터 핵심 공포를 일으키는 상황까지 두려운 상황의 위계 구조를 만들 것이다.

1) 불안 행동의 위계 만들기

불안에 도전하려면, 걱정으로 인한 모든 행동의 목록을 작성해 본다. 걱정 때문에 어떤 행동을 하게 되는가? 걱정 때문에 회피하게 되는 것은 무엇인가? 목록을 작성하는 것이 어렵다면, 이전에 작성한 집에서 연습하기 과제를 되돌아보고 행동적 요소에서 몇 가지 내용을 가져와 본다. 그리고 제6장 앞부분에서 작성했던 목록을 참고해 본다. 어떤 행동에 체크했는가? 아래 "불안으로 인한 행동"이라는 첫 번째 열 밑에, 이에 해당하는 행동을 모두 나열한다.

불안으로 인한 행동	불안하지 않은 행동	주관적 불편감 척도 SUDS (0~100)

　그런 다음, 이 목록에서 불안 행동을 대체하기 위해 고안된, 불안하지 않은 목표("불안하지 않은 행동" 열)를 만든다. 불안하지 않은 행동(non-anxious behavior)이란 회피와는 반대되는 것으로, 걱정과 두려움에 직면하는 데 도움이 된다. "만약 내가 이 상황에서 불안하지 않다면, 불안으로 인한 행동을 하는 대신, 어떻게 행동할까?"라고 스스로에게 물어본다. 예를 들어, 질이 스스로에게 "다음 주 프레젠테이션에 대해 불안감을 느끼지 않는다면, 집에 머물면서 이메일을 확인하고 슬라이드를 다시 읽는 대신, 어떻게 할까?"라고 물을 수 있다. 그리고 그녀는 "친구와 함께 브런치를 먹거나 읽고 싶었던 독서 모임의 책을 읽는다."와 같이 대답할 것이다. 다음으로, 주관적 불편감 척도(SUDS) 아래에, 불안으로 인한 행동 대신 불안하지 않은 행동을 한다면, 그 순간에 느낄 것이라고 생각하는 불편감의 수준(0~100)을 적는다. 질이 작성한 목록을 살펴보자.

불안으로 인한 행동	불안하지 않은 행동	주관적 불편감 척도 SUDS (0~100)
미루기	5분 내에 시작하기	60
과도하게 준비하기	한 시간으로 준비 시간 제한하기	70
반복적으로 이메일 확인하기	한 시간에 한 번씩만 이메일 확인하기	80
주변을 서성거리기	가만히 앉아 있기	50
걱정하기	현재에 머무르기	70

목록을 작성하는 데 어려움이 있었는가? 엘리야나 소피아가 목록에 무엇을 추가할지 생각해 보고, 그 행동이 당신 생각과 같은지 살펴보자. 집에서 연습하기 과제를 되돌아보고 "행동" 열에 적은 내용을 특히 주의 깊게 살펴보고, 무엇을 적을지에 대한 아이디어가 더 떠오르는지 살펴보자. 이 목록은 계속하여 작성될 것이므로, 앞으로 불안 행동에 각별히 주의를 기울여 목록에 계속 추가할 수 있다.

2) 행동 변화 계획하기

이제 불안하지 않은 행동의 위계 또는 목록이 완성되었으니, 다음 주 동안 연습할 두 가지 정도를 선택한다. 행동 변화의 항목과 관련하여 어떤 현실적인 문제가 있을지 미리 생각해 본다. 예를 들어, 설정한 목표에 따라 행동을 변화시키려면 몇 가지 사전 작업이 필요할 수도 있다. 친구와 약속을 잡거나(예: 질의 브런치 계획), 평소처럼 매일 안부 확인 전화를 하지 않을 것을 주변 사람들에게 알리는 것처럼 말이다. 또 그 외에도 생각해야 할 몇 가지 중요한 사안이 있다. 예를 들어, 어떤 일들은 매우 빠르게 반복적으로 연습할 수 있다(예: 사랑하는 사람의 안부를 확인하는 문자를 하루에 한 번으로 제한하는 것). 반면 다른 일은 더 오랜 기간에 걸쳐 연습해야 할 것이다(예: 일주일에 한 번 또는 사회 활동의 기회가 있을 때). 행동의 빈도가 적은 경우, 여러 가지 행동 변화를 한 번에 해결하고 싶을 수 있다. 행동을 변화시킬 때 어떤 불안한 생각이 떠오를 수 있는지 생각해 보고, 그 생각에 어떻게 도전할지 미리 생각해 본다. 각 행동 변화 연습을 필요한 만큼 반복하여 불안이 절반 이상 감소하거나 가벼운 수준(SUDS에서는 약 30점 이하)이 될 때까지 연습한다.

행동 변화와 노출에서 중요한 것은 일관성을 유지하는 것이다! 예를 들어, 질이 다음 달에 5번의 프레젠테이션이 예정되어 있다는 사실을 깨달았다고 가정해 보자. 하지만 질은 하나의 프레젠테이션에 대해서만 프레젠테이션 준비 시간을 1시간으로 제한하여 과도하게 준비하지 않도록 한다. 그렇지만 나머지 네 번은 여전히 과잉 준비를 하는 회피 행동을 한다. 이것이 질의 불안에 얼마나 도움이 될까? 질의 불안을 효과적으로 해결하려면, 불안하지 않은 행동을 일관되게 적용해야 한다. 그렇게 하는 게 확실히 어렵고, 가끔 실수를 해서 스스로 용서해야 할 일이 생기더라도, 그것이 궁극적인 목표이다. 한번 해 보자!

3) 행동 변화 계획 실행하기

먼저 더 작은 행동 변화 목표(낮은 위계, SUDS 40점 이하)부터 시작하고, 작은 목표를 달성하는 성공 경험을 쌓아 나간다. 처음 행동을 바꿀 때는 불안할 수 있지만, 끝까지 포기하지 않길 바란다. 그런 다음 나중에 어떻게 진행되었는지 살펴본다. 불안감이 결국 감소했는가? 걱정했던 나쁜 결과가 결국 현실이 되었는가? 나쁜 일이 실제로 일어났다면 걱정했던 것만큼 나빴나? 이는 제4장의 섹션 2에서 걱정을 감소시켰을 때의 결과를 검토한 것과 비슷하다. "만약 ……라면?"이라는 생각을 붙잡고 있거나 불안한 행동을 하고 싶다고 생각하는 자신을 발견했다면, 인지 재구성 기술을 사용해 그 생각의 타당성을 다시 살펴본다. 걱정했던 것만큼 결과가 나쁘지 않았다는 사실에 주의를 기울이면, 불안하지 않은 행동을 더 많이 할 수 있을 것이다. 이 장의 마지막에 있는 행동 노출 모니터링 양식을 사용하여 진전 상황을 기록한다.

복습하기: 키포인트	• 불안 행동은 불안한 감정 때문에 당신이 하게 되는 행동을 말한다. • 이런 행동은 불확실성에 대한 인내력이 부족해서 나타나는 경우가 많다. 우리 삶에서 모든 불확실함을 없애는 것은 불가능하기 때문에 이에 대한 대안으로 불확실함에 대한 인내력을 기르는 방법을 배워야 한다. • 불안으로 인한 행동과 불안하지 않은 행동의 위계를 만들면 노출을 통해 불안을 견뎌 내는 데 도움이 된다. 지속적으로 연습하면 불안하지 않은 행동을 더 쉽게 할 수 있고, 궁극적으로 불안은 감소할 것이다.
집에서 연습하기	• **나만의 위계를 계속 만들어 보기**: 한 주 동안 불안 행동을 모니터링하고 새로운 불안 행동이 발견되면 위계에 추가한다. 그런 다음 불안하지 않은 대안 행동을 찾아본다. • **행동 노출**: 다음 주에 목록에 있는 불안하지 않은 행동을 사용하여 최소 세 번 이상 노출 연습을 하고, 행동 노출 모니터링 양식에 어떻게 진행했는지 기록한다. 0~100점 척도에서 약 40~60점에 해당하는 불편감 수준을 가진 불안하지 않은 행동부터 시작한다. 불안이 50% 이상 감소할 때까지 각 노출을 지속한 다음, 우려했던 결과가 실제로 발생했는지 검토한다. 계속해서 다양한 노출을 시도하고(위계를 위로 조정하면서), 회피 행동을 하지 않고 접근 행동을 한 후에는 반드시 스스로에게 보상해 준다!

행동 노출 모니터링 양식

날짜	상황	불안하지 않은 행동	행동의 결과 (두려워하는 결과가 실제로 일어났나요? 두려워했던 것만큼 나빴나요?)	최고점 SUDS (0~100)	종료시점 SUDS (0~100)

목표를 향한 진전 및 재발 방지

이 책의 서두에서 우리는 당신이 워크북을 펴고 불안에 대처하기 위한 첫걸음을 내딛은 것을 축하했다. 이제 일곱 번째이자 마지막 장에 이르렀으니, 더 큰 박수를 보내고 싶다. 당신은 꽤 어려운 일들을 해냈다. 불안한 마음이 작동하는 방식을 더 알아차리고, 생각과 감정에 반응하는 방식을 바꾸고, 새로운 행동 패턴을 개발하고, 궁극적으로 불안과 이전과는 다른 관계를 맺도록 노력하였다. 정말 많은 노력을 해 왔다! 지금까지 꾸준히 노력하여 여기까지 왔다면, 정말 의미 있는 변화를 만들 수 있는 기회를 얻은 것이니, 스스로에게 박수를 보내 주길 바란다.

이 장에서는 새로운 기술이나 개념을 가르치기보다는 그동안 배운 기술을 검토하고, 당신이 이룬 진전을 검토할 것이다. 또한 당신이 얻은 성과를 어떻게 유지할 수 있는지, 불안이 삶을 방해하는 방식을 어떻게 지속적으로 줄여 나갈지에 대해 이야기할 것이다.

1. 그동안 배운 기술 검토하기

이 책에서는 불안에 효과적으로 대응하기 위한 다양한 전략을 소개했다. 또한 당신이 마음에 새겼으면 하는 불안의 본질에 대한 중요한 통찰도 몇 가지 소개했다. 이제 지금까지 다룬 주요 요점과 기술을 간략히 복습하는 것에서부터 시작해 보자. 이 내용을 다시 살펴보고 싶다면 해당 내용을 다룬 장을 포함해 두었으니, 해당 페이지를 다시 살펴보고 세부 사항을 다시 한번 상기하기 바란다.

1) 키포인트

- 걱정 대 문제 해결: 걱정은 잠재적인 문제에 대한 도움이 되지 않는 사고 반응으로, 때로는 도움이 된다고 느껴지더라도 불안을 더욱 악화시킨다. 문제 해결은 걱정에 대한 적응적 대안이며 해결하기 위해 적극적인 조치를 취하는 것이다. (제1장)
- 회피 행동: 불안은 불안을 줄이기 위해 어떤 행동을 하거나 하지 않는 회피 행동을 유발한다. 회피 행동은 단기적으로는 불안을 완화하지만 장기적으로는 보다 적응적으로 스트레

스에 대처하는 방법을 배우지 못하게 한다. (제1장과 제6장)

- 신체적 이완: 불안은 본질적으로 정신적일 뿐만 아니라 신체적이다. 불안을 줄이는 한 가지 방법은 신체의 긴장을 줄이는 것이다. (제2장)
- 가설로서의 생각: 우리는 세상에 대해 자동적으로 생각하는 패턴을 형성하며, 이러한 생각은 종종 불안을 유발한다. 생각의 속도를 늦추고, 생각을 하나의 가설로 취급하고, 그 가설이 얼마나 현실적인지 또는 유용한지 평가하면, 불안감을 덜 느끼도록 상황을 바라보는 방법을 개발할 수 있다. (제3장)
- 주의와 걱정: 불안은 우리가 어디에 주의를 집중하느냐에 따라 영향을 받는다. 주의를 걱정에서 현재 순간으로 옮기고 생각을 "그저 생각일 뿐"이라고 여기면서 걱정의 순환을 멈출수 있다. (제4장)
- 두려움에 직면하기: 불안하지 않은 대안 행동을 반복적으로 하고 두려움에 직면하면, 불확실성에 대한 인내력을 키우고 예상했던 재앙적인 결과가 발생할 가능성이 낮다는 것을 깨닫는 데 도움이 된다. (제5장과 제6장)

2) 기술 다루기

기술	기술 사용 방법	적용되는 장
점진적 근육 이완	신체적 이완을 위해 다양한 근육 부위를 긴장시키고 이완시킨다.	2
마음챙김 호흡	숨을 들이마시고(5초), 숨을 참았다가(3초), 숨을 내쉬면서(5초) 호흡에 집중한다.	2
확률 과대평가에 도전하기	불안한 생각을 지지하는 증거와 반대하는 증거를 검토하고, 두려워했던 결과가 실제로 발생할 확률을 평가하여, 보다 현실적인 대안을 찾아본다.	3
재앙적 사고에 도전하기	두려워하는 결과의 실제 심각도를 결정하고, 그 결과가 현실화될 경우 어떻게 대처할지 확인하고, 상황을 보다 현실적으로 해석한다.	3
초연한 알아차림	불안한 생각에 특별히 중요성을 부여하지 말고 그저 생각으로 관찰한다. 시각적 이미지(역을 지나가는 기차, 시냇물 위의 나뭇잎, 모래 위에 쓰여진 생각 등)를 사용하여 이 작업을 수행할 수 있다.	4

걱정 연기하기	하루 중 20분에서 30분 동안 걱정할 수 있는 시간을 지정하고, 모든 걱정을 그때로 연기한다.	4
심상 노출	불안이 최소화될 때까지 5분 간격으로 시각적 이미지를 사용하여 최악의 시나리오를 반복적으로 상상한다.	5
행동 노출	불안하지 않은 행동(피하지 않고 두려운 상황에 접근하기)을 하면서, 두려운 결과를 방지하기 위해 했던 불안 행동이 불필요하다는 것을 배운다.	6

2. 진전 검토하기

진전은 점진적으로 이루어지는 경우가 많기 때문에 자신이 얼마나 변화했는지 깨닫지 못할 수 있다. 이 워크북을 처음 펼쳤을 때 불안이 당신의 삶에 어떤 영향을 미쳤는지 떠올려 보자. 제1장의 집에서 연습하기 워크시트(두 가지 자가 모니터링 양식, 불안으로 인해 방해받고 고통받는 삶의 영역 목록)를 살펴본다. 불안이 여전히 같은 방식으로 당신의 삶을 방해하고 있는가? 그때와 지금을 비교했을 때 당신은 불안을 어떻게 다루고 있나? 예전과 같은 생각과 상황이 불안을 유발하는가, 아니면 지금은 불안에 대응하는 방식이 달라졌는가?

또한 제1장에서 스스로 세운 목표를 살펴보고, 그 목표를 달성했을 때 어떤 모습일지 살펴볼 필요가 있다. 목표 워크시트에서 달성할 수 있었던 항목을 모두 체크해 본다. 그런 다음 가장 많이 개선된 영역을 다음 페이지의 공란에 적어 진전 상황을 요약해 본다.

또한 무엇이 개선에 도움이 되었는지를 주의 깊게 살펴보는 것도 중요한데, 이는 앞으로 계속 유지해야 할 부분이기 때문이다. 예를 들어, 직장에서 더 이상 스트레스를 받지 않는다면, 매일 아침 점진적 근육 이완 훈련을 하고 있기 때문일까? 상사의 부정적인 피드백이 가져올 재앙적 결과에 대한 신념에 도전할 수 있기 때문일까? 아니면 완벽주의와 안심 추구에 관한 행동 노출을 했기 때문일까? 아니면 이 두 가지의 조합일까? 개선을 하는 데 중요하게 도움이 되었던 기술이나 통찰을 적어 보자. 재발 방지 계획의 중요한 요소가 될 것이다.

가장 크게 개선된 영역	이 개선에 기여한 요소
①	
②	
③	

3. 성과를 유지하기

사람들은 자신의 불안 수준이 감소하는 것을 보면서, 이러한 성과가 지속될지 궁금해한다. 좋은 소식은, 일반적으로 사람들은 치료 과정을 마친 후에도 개선된 상태를 유지한다는 것이다. 한 번 익힌 기술과 통찰력은 쉽게 잊어버리기 어렵기 때문이다. 이 워크북에서 가르치는 기술을 사용하면서 실제로 두뇌가 작동하는 방식이 바뀌었고, 이러한 변화는 쉽게 이전으로 되돌아가지 않는다!

그렇지만 이러한 개선 효과를 지속하기 위한 계획을 세우는 것은 도움이 된다. 이 계획에서 중요한 부분은 불안에 변동이 있을 수 있음을 이해하고, 불안이 증가되더라도 재앙적으로 여기지 않는 것이다. 즉, 일시적 악화(lapse)와 재발(relapse)은 다르다는 것을 알고 재발을 예방하는 방법을 깨달아야 한다.

일시적 악화(lapse): 스트레스가 증가하거나 기술을 사용하지 않아 일시적으로 증상이 증가하는 경우

재발(relapse): 불안이 증가하고, 기능이 저하되며, 기술 사용이 완전히 중단된 상태가 장기간 지속되는 경우

일시적 악화(lapse)는 예상되는 것이다. 제1장에서 우리는 스트레스(현 상태로부터의 혼란)가 문제가 되는 불안의 주요 원인이라고 이야기했다. 살다 보면 필연적으로 스트레스가 증가할 때가 있는데, 특히 스트레스에 대응하는 기술을 사용하는 방법을 잊어버리거나 잘 모를 경우에는 이러한 스트레스로 인해 일시적으로 증상이 증가할 수 있다.

일시적 악화를 발견했을 때는 스트레스와 불안에 더 잘 대응하려면 어떤 전략을 적용할 수 있는지 파악하는 것이 가장 중요하다. 스트레스에 효과적으로 대응하면 스트레스가 늘어난다고 꼭 불안으로 이어지지는 않으며, 이제는 그렇게 할 수 있는 다양한 방법을 마음껏 사용할 수 있다. 따라서 증상이 심해진다면 제1장으로 돌아와서 어떤 방법을 선택할 수 있을지 스스로 상기해 본다.

또한 일시적 악화를 경험하면서 완전히 망했다고 생각하는 것을 주의해야 한다. 이러한 재앙화로 인해 불안이 더욱 증가되는 걱정 순환이 시작될 수 있기 때문이다. 재발에 대해 걱정하고 있다면 재발의 정의를 다시 살펴보자. 재발은 기술을 전혀 사용하지 않아서 발생한다. 기술을 사용할지 여부는 전적으로 자신이 통제할 수 있으며, 배운 기술을 계속 사용한다면 재발하지 않을 것이다.

4. 고위험 영역 확인하기

미리 계획을 세워 일시적 악화와 재발의 가능성을 모두 줄일 수도 있다. 향후 6개월에서 1년 동안의 생활에 대해 생각해 보고, 일시적으로 악화될 위험이 큰 상황이나 잠재적인 스트레스 요인이 있는지 확인해 보자. 워크북에 등장한 인물들을 떠올려 보면, 엘리야에게는 학기말 시험 기간일 수 있고, 질에게는 연인 관계를 다루는 것이 될 수 있다. 계획하거나 예상하지 못했지

만, 과거에 심각한 수준의 불안을 일으켰던 상황일 수도 있다. 예를 들어, 소피아는 가벼운 감기라도 걸리면 더 심각한 의학적 문제가 생길까 봐 극심한 불안을 느끼게 된다.

고위험 상황을 확인한 후에는 상황을 악화시킬 수 있는 불안 행동에 대해 생각해 보고, 이런 행동들을 조심해야 한다. 그런 다음, 그러한 상황에서 대신 사용할 수 있는 숙련되고 효과적인 행동이 무엇인지 확인할 수 있다. 다음 소피아의 예를 참조해 보자.

고위험 상황	주의해야 할 불안 행동	일시적 악화 위험을 줄이기 위한 기술 행동
몸이 아픔. 아픈 상황이 심각한 질병에 걸렸다는 생각을 유발한다.	• 남편에게 안심을 구하기 • 인터넷 검색하기 • 반복해서 병원 가기 • 일상적인 활동 회피하기	• 초연한 알아차림을 통해 질병에 관한 생각은 현실이 아닌 단지 생각일 뿐임을 스스로 상기하기 • 불치병에 걸렸다는 심상 노출

다음 표에 각자의 고위험 상황, 불안으로 인한 행동, 기술 행동에 대해 작성해 보자.

고위험 상황	주의해야 할 불안 행동	일시적 악화 위험을 줄이기 위한 기술 행동
①		
②		
③		

5. 지속적인 개선이 필요한 영역

진전된 상황을 검토하는 과정을 거치면서 개선된 부분을 살펴봤지만, 개선해야 할 부분이 여전히 있음을 알게 되었을 것이다. 이는 지극히 정상적인 현상이므로 실망할 필요는 없다! 실제로 치료를 받는 많은 사람들은 치료가 끝난 후에도 일상생활에서 기술을 계속 적용하면서 더 많이 개선된다. 현재 상황에서 당신은 필요한 기술을 가지고 있으므로, 이를 가장 잘 활용할 수 있는 계획을 세우기만 하면 된다.

계획을 세우려면 앞으로 개선해야 할 가장 중요한 영역을 확인해야 한다. 워크북을 시작할 때 세운 목표 중 아직 달성하지 못한 목표에서 아이디어를 얻을 수 있다. 심상 노출 및 행동 노출의 위계를 살펴보고 좋은 아이디어를 얻을 수도 있다. 이러한 개선 영역을 파악한 후에는 이 장의 시작 부분에 있는 기술 및 키포인트 목록으로 돌아가서, 진전된 사항을 계속 확인할 수 있는 최선의 방법이 무엇일지에 대해 아이디어를 만들어 본다.

지속적인 개선이 필요한 영역	이것을 달성할 수 있는 방법
①	
②	
③	

6. 결론

불안은 많은 어려움을 초래할 수 있지만 삶의 정상적인 부분이기도 하므로, 쉽게 해결하기 어려운 문제이다. 따라서 문제가 되는 불안을 줄이는 것은 불안을 전혀 느끼지 않는 게 아니라, 불안이 더 이상 삶에서 중요한 것들을 방해하지 않는 상태에 도달하는 것이다. 불안과 건강한 관계를 유지하는 데 이러한 관점이 도움이 되므로, 앞으로 계속 염두에 두기를 바란다. 건강한 관계란 어떤 대가를 치르더라도 불안을 느끼지 않으려고 피하는 관계가 아니다. 불안이 일을 방해하거나 지나친 고통을 유발할 때를 파악한 다음, 삶을 더 자유롭게 살아갈 수 있도록 기술을 사용할 수 있는 관계이다. 때로는 단기적으로 불안을 유발하는 상황에 직면해야 할 수 있지만, 장기적으로는 가장 강력한 변화를 가져올 수 있다. 이 책을 통해 불안에 다르게 대처할 힘을 얻었으니, 자신이 원하는 삶을 살아가기를 바란다.

복습하기: 키포인트	• 당신은 그동안 많이 노력해 왔고, 이제 많은 기술을 마음껏 사용할 수 있게 되었다. 성과를 유지하고 지속적으로 개선하기 위해 가장 중요한 것은 그 기술들을 계속 사용하는 것이다! • 일시적 악화(lapse)는 일시적으로 불안이 높아지는 것이며 예상할 수 있는 일이다. 일시적 악화를 줄이고 이것이 재발(relapse)로 이어지지 않으려면, 불안이 재발할 가능성이 높은 상황을 확인하고, 효과적으로 대처할 방법을 미리 계획한다. • 불안한 마음을 변화시키는 것은 장기적인 과정이고, 더 많은 성과를 내야 한다고 느끼는 것도 정상적이다. 불안이 삶의 정상적인 부분이기도 하지만, 기술을 활용하면 불안이 중요한 일에 방해가 되지 않도록 방지할 수 있다는 점을 명심한다.

참고문헌

Aviation Safety. (2018). "Statistical Summary of Commercial Jet Airplane Accidents Worldwide Operations: 1959~2017." *Boeing Commercial Airplanes.* www.boeing.com/news/techissues/pdf/statsum.pdf

Beck, A. T. (1976). *Cognitive Therapy and the Emotional Disorders.* New York: International Universities Press.

Carpenter, J. K., L. A. Andrews, S. M. Witcraft, M. B. Powers, J. A. Smits, & S. G. Hofmann. (2018). "Cognitive Behavioral Therapy for Anxiety and Related Disorders: A Meta-Analysis of Randomized Placebo-Controlled Trials." *Depression and Anxiety 35*: 502-514.

Craske, M. G., & D. H. Barlow. (2006). *Mastery of Your Anxiety and Worry: Client Workbook.* 2nd ed. New York: Oxford University Press.

Hayes, S. C. (with S. Smith). (2005). *Get Out of Your Mind and Into Your Life: The New Acceptance and Commitment Therapy.* Oakland, CA: New Harbinger.

Hofmann, S. G., A. T. Sawyer, A. A. Witt, & D. Oh. (2010). "The Effect of Mindfulness-Based Therapy on Anxiety and Depression: A Meta-Analytic Review." *Journal of Consulting and Clinical Psychology 78*: 169-183.

Locke, E. A., & G. P. Latham. (2002). "Building a Practically Useful Theory of Goal Setting and Task Motivation: A 35-Year Odyssey." *American Psychologist 57*: 705-717.

Webb, T. L., & P. Sheeran. (2006). "Does Changing Behavioral Intentions Engender Behavior Change? A Meta-Analysis of the Experimental Evidence." *Psychological Bulletin 132*: 249-268.

Wells, A., & S. Cartwright-Hatton. (2004). "A Short Form of the Metacognitions Questionnaire: Properties of the MCQ-30." *Behaviour Research and Therapy 42*: 385-396.

저자 소개

Stefan G. Hofmann, PhD는 보스턴대학교 심리학과 및 뇌과학 임상 프로그램의 교수로 심리치료 및 정서 연구실(The Psychotherapy and Emotion Research Laboratory, PERL)을 이끌고 있다. 그의 연구는 치료적 변화 기제, 즉 신경과학 연구결과를 임상적 적용, 정서, 정신병리학의 문화적 표현으로 전환하는 데 중점을 두고 있다. 그는 행동 및 인지치료 학회(The Association for Behavioral and Cognitive Therapies, ABCT)와 국제 인지치료 학회(The International Association for Cognitive Psychotherapy, IACP)의 회장을 역임하였다. 또한 인지치료 및 연구(Cognitive Therapy and Research) 학회지의 편집장이자 임상심리과학(Clinical Psychological Science) 학회지의 부편집장이다. 저서로는 『현대 인지행동치료 입문(An Introduction to Modern CBT)』, 『치료에서의 정서(Emotion in Therapy)』 등 다수의 저서가 있다.

Judith S. Beck, PhD는 벡 인지행동치료연구소(The Beck Institute for Cognitive Behavior Therapy)의 소장이며, 펜실베이니아대학교 정신의학과 임상심리학 부교수이자, 인지치료 아카데미(The Academy of Cognitive Therapy)의 전 회장이다. 인지 치료의 창시자인 아론 T. 벡의 딸인 그녀는 펜실베이니아주 발라 신위드(Bala Cynwyd)에 거주하고 있다. 『벡 다이어트 솔루션(The Beck Diet Solution)』의 저자이다.

이 워크북의 공동 저자이자 치료자로 참여한 사람은 다음과 같다.

Amanda Baker, PhD는 매사추세츠 종합병원의 불안 및 외상성 스트레스 장애 센터(The Center for Anxiety and Traumatic Stress Disorders at Massachusetts General Hospital)의 임상심리학자이자 하버드 의과대학의 조교수이다. 그는 보스턴대학교에서 박사 학위를 받았고, 매사추세츠 종합병원 및 하버드 의과대학에서 박사 전 인턴십과 박사 후 과정을 수료하였다. 임상 및 연구 분야는 불안에 대한 인지행동치료의 매개변인과 조절변인에 관한 것이다. 2018년에는 KL2/CMeRIT Harvard Catalyst/The Harvard Clinical and Translational Science Center/National Institutes of Health grant를 수여받았고, 2019년에는 NARSAD상을 수상하였다. 불안, 기분, 강박 스펙트럼, 외상성 스트레스 장애의 근거 기반 치료에 대한 전문 지식을 보유하고 있다.

Joseph K. Carpenter, MA는 보스턴대학교 임상심리학 박사과정에 재학 중이며, 현재 보스턴 재향군인회(VA Boston)에서 인턴십을 마치고, 트라우마 관련 어려움을 겪고 있는 재향군인을 위한 치료를 실시하고 있다. 불안 및 관련 장애의 인지행동치료에 관한 전문 지식을 보유하고 있고, 이러한 장애들의 치료법을 개선하기 위한 연구를 수행하고 있다. 공포, 학습, 기억에 관한 기초 연구 결과를 불안에 관한 새로운 치료법에 적용하는 데 중점을 두고 있다.

Joshua E. Curtiss, MA는 매사추세츠 종합병원 및 하버드 의과대학에서 박사 인턴십을 마치고, 보스턴대학교 박사과정 연구원으로 재학 중이다. 이전에는 예일대학교에서 통계학자로서 심리학 연구를 수행하였다. 관심 분야는 혁신적인 통계 모델링을 사용하여 정서 장애의 치료 및 진단과 관련된 문제를 해결하는 것이다. 또한 불안 장애에 관한 대중서인 『불안이 당신의 삶을 지배하지 못하게 하라(Don't Let Anxiety Run Your Life)』의 저자이기도 하다.

Elizabeth M. Goetter, PhD는 매사추세츠 종합병원의 불안 및 외상성 스트레스 장애 센터(The Center for Anxiety and Traumatic Stress Disorders at Massachusetts General Hospital)의 임상심리학자이자 하버드 의과대학의 조교수이다. 또한 레드삭스 재단과 매사추세츠 종합병원 홈베이스 프로그램의 외래 환자 클리닉 공동 책임자로도 활동하고 있다. 드렉셀대학교에서 박사 학위를 받았다. 캘리포니아대학교 샌디에이고/VA 샌디에이고 의료 시스템(The University of California, San Diego/VA San Diego Healthcare System)에서 박사 전 인턴십을 마쳤고, 매사추세츠 종합병원 및 하버드 의과대학에서 박사 후 과정 수련을 마쳤다. 임상 전문 분야는 불안과 외상 및 스트레스 관련 장애의 근거 기반 치료이다. 미국의 국립보건원(NIH), 국립정신보건원(NIMH) 및 국방부(DOD)의 지원을 받은 다수의 연구에서 평가자 및 연구 치료자로 근무하였다.

역자 소개

이슬아(Lee Seul Ah)
고려대학교 심리학과 학사
서울대학교 심리학과 임상 및 상담심리학 전공 석사, 박사
한국임상심리학회 임상심리전문가
보건복지부 정신건강임상심리사 1급
한국인지행동치료학회 인지행동치료전문가
현) 국립창원대학교 사림아너스학부 조교수
　　창원스마일센터 센터장
〈역서〉
온라인 상담의 기술(공역, 학지사, 2023)

한나라(Han Na Ra)
차의과학대학교 의료홍보미디어학과 학사
차의과학대학교 임상상담심리대학원 임상 및 상담심리학 전공 석사
현) 세브란스병원 정신건강의학과 연구원

정지영(Jeong Ji Young)
연세대학교 언론홍보영상학과 학사
차의과학대학교 임상상담심리대학원 임상 및 상담심리학 전공 석사
현) 분당차병원 신경과 임상심리전문가 수련

장혜덕(Chang Hea Duk)
한국외국어대학교 아시아언어문화대학 학사
동국대학교 불교대학원 명상심리상담학 전공 석사
차의과학대학교 임상상담심리대학원 임상 및 상담심리학 전공 석사
한국상담심리학회 상담심리사 2급
여성가족부 청소년상담사 2급
현) (주)스타벅스 상주상담사
　　차심리상담센터 상담사

박정민(Park Jung Min)
차의과학대학교 상담심리학과 학사
차의과학대학교 임상상담심리대학원 임상 및 상담심리학 전공 석사
보건복지부 임상심리사 2급
현) (주)휴노 EAP사업부 주임매니저
　　차심리상담센터 인턴상담사

차세정(Cha Se Jeong)
계명대학교 심리학과 학사
차의과학대학교 임상상담심리대학원 임상 및 상담심리학 전공 석사
현) 국립암센터 중앙암생존자통합지지센터 연구원

이지은(Lee Ji Eun)
배재대학교 심리철학과 학사
차의과학대학교 임상상담심리대학원 임상 및 상담심리학 전공 석사
전문상담교사 2급
현) 국립암센터 중앙암생존자통합지지센터 연구원

김동희(Kim Dong Hee)
총신대학교 신학과 청소년상담, 중독재활상담 전공 학사
차의과학대학교 임상상담심리대학원 임상 및 상담심리학 전공 석사과정(재학)
여성가족부 청소년상담사 3급
현) 차심리상담센터 인턴상담사

이지원(Lee Ji Won)
서울대학교 심리학과 학사
차의과학대학교 임상상담심리대학원 임상 및 상담심리학 전공 석사과정(재학)

불안을 다루는 인지행동치료 및 마음챙김 워크북

The Anxiety Skills Workbook: Simple CBT and Mindfulness
Strategies for Overcoming Anxiety, Fear, and Worry

2025년 1월 10일 1판 1쇄 인쇄
2025년 1월 20일 1판 1쇄 발행

지은이 • STEFAN G. HOFMANN · JUDITH S. BECK
옮긴이 • 이슬아 · 한나라 · 정지영 · 장혜덕 · 박정민 · 차세정 · 이지은
　　　　김동희 · 이지원
펴낸이 • 김진환
펴낸곳 • ㈜**학지사**
　　　　04031 서울특별시 마포구 양화로 15길 20 마인드월드빌딩
대표전화 • 02-330-5114　　팩스 • 02-324-2345
등록번호 • 제313-2006-000265호

홈페이지 • http://www.hakjisa.co.kr
인스타그램 • https://www.instagram.com/hakjisabook

ISBN 978-89-997-3274-4 93180

정가 17,000원

출판미디어기업 **학지사**

간호보건의학출판 **학지사메디컬** www.hakjisamd.co.kr
심리검사연구소 **인싸이트** www.inpsyt.co.kr
학술논문서비스 **뉴논문** www.newnonmun.com
교육연수원 **카운피아** www.counpia.com
대학교재전자책플랫폼 **캠퍼스북** www.campusbook.co.kr